超高速公路设计及运行特性研究

何永明　裴玉龙　著

科 学 出 版 社
北　京

内 容 简 介

本书从公路施工技术、汽车技术等方面系统论证了超高速公路的安全性和经济性。本书在分析公路、高速公路定义和分级的基础上，提出了超高速公路的定义和分级；以普通高速公路线形设计理论为基础，以铁路线形设计为参考，对超高速公路平面线形、纵断面线形和横断面线形设计理论进行了计算；研究了汽车燃油经济性；在分析普通高速公路、高速铁路造价的基础上，估算了超高速公路造价，参考普通高速公路建设成本和通行费收取标准，估算了各级超高速公路通行费标准。

本书可供交通运输工程、土木工程和车辆工程等专业的本科生、研究生参考，也可供高速公路设计和施工人员及交通安全科研工作者参考。

图书在版编目(CIP)数据

超高速公路设计及运行特性研究/何永明，裴玉龙著.—北京：科学出版社，2020.6

ISBN 978-7-03-065303-1

Ⅰ. ①超… Ⅱ. ①何… ②裴… Ⅲ. ①高速公路－设计－研究 ②高速公路－交通运输管理－研究 Ⅳ. ①U412.36 ②U491

中国版本图书馆CIP数据核字(2020)第092523号

责任编辑：周 炜 罗 娟 / 责任校对：王萌萌
责任印制：赵 博 / 封面设计：陈 敬

科学出版社出版
北京东黄城根北街16号
邮政编码: 100717
http://www.sciencep.com

北京天宇星印刷厂印刷
科学出版社发行 各地新华书店经销

*

2020年6月第 一 版 开本：720×1000 1/16
2025年1月第三次印刷 印张：11 1/2
字数：252 000

定价：98.00 元

(如有印装质量问题，我社负责调换)

前　言

我国公路和铁路等基础设施建设的速度和质量举世瞩目。截至2019年底，我国高速公路总里程已突破14.96万km，连续8年世界第一；高速铁路通车里程达到3.6万km，超过全球高速铁路通车总里程的60%。高速公路和高速铁路为我国经济和社会发展做出了重要贡献。在铁路的发展过程中，不但里程在不断增加，运行速度也在不断刷新。而在公路发展历史上，自1951年首次在《公路工程设计准则(草案)》中规定Ⅰ级公路最高设计速度为120km/h以来，我国公路最高设计速度60多年未曾改变。改革开放以来，我国经济实力和综合国力不断增强，公路施工技术、汽车技术实现了跨越式发展，建设设计速度超过120km/h的超高速公路已成为可能。

目前我国对设计速度超过120km/h的超高速公路的相关研究较少。本书对超高速公路进行了初步研究。对超高速公路安全性和经济性进行了论证分析，研究表明，超高速公路建设具有较高的可行性，并预测超一级高速公路、超二级高速公路和超三级高速公路将分别在未来15年、30年和40～50年内进入工程实践。然而，我国超高速公路的发展远超过预期，在本书撰写过程中，2018年1月，我国首条超高速公路，即杭绍甬高速公路已经开工建设，并将在2022年杭州亚运会之前通车。该超高速公路将试行限速150km/h。因此更进一步证明超高速公路的研究有着重要的理论价值和现实意义。

本书共7章，第1章绪论，阐明汽车技术进步为超高速公路的建设提供了外部条件，公路施工技术的发展为超高速公路建设提供了内部条件。第2章在分析公路、高速公路定义和分级的基础上，提出了超高速公路的定义和分级，分析超高速公路驾驶特性，并计算了超高速公路的通行能力。第3章分析了国内外交通安全形势和影响交通安全的因素，从提高人的安全意识、汽车技术保障和道路技术保障三个方面对超高速公路的交通安全性进行了论证。第4章以普通高速公路线形设计理论为基础，以铁路线形设计为参考，对超高速公路平面线形、纵断面线形和横断面线形设计理论进行了研究。第5章研究了汽车燃油经济性，包括燃油经济性评价指标、燃油消耗模型及经济特性曲线、提高汽车燃油经济性的途径、汽车行驶燃油消耗图和测定汽车燃油经济性的试验方法。第6章在分析普通高速公路、高速铁路造价的基础上，估算了超高速公路造价，并以此为依据，参考普通高速公路建设成本和通行费收取标准，估算了各级超高速公路通行费标准。第 7 章对研究进行了总结，并提出了未来研究趋势。

本书的研究得到黑龙江省自然科学基金项目“基于交通运行特性的超高速公路线形设计理论研究”(H2019E004)和中央高校基本科研业务费专项资金项目“超高速公路设计及运行特性研究”(2572016CB16)的资助。

本书由何永明和裴玉龙撰写。其中，第 1～3 章由裴玉龙撰写，第 4～7 章由何永明撰写。

本书在超高速公路安全性和经济性方面的研究还不够深入，限于作者水平，书中难免存在疏漏和不妥之处，敬请读者批评指正。

目 录

第1章 绪 论

本章首先阐述汽车技术进步为超高速公路的建设提供了外部条件，公路施工技术的发展为超高速公路建设提供了内部条件；然后阐明超高速公路的研究能够为其建设提供依据、为交通法规的制定提供参考，还能为汽车技术和公路施工技术进一步发展创造条件；最后阐述本书的主要内容和技术路线。

1.1 设 计 速 度

1. 公路设计速度

《公路工程技术标准》(JTG B01—2014) 规定，设计速度(design speed)是指确定公路设计指标并使其相互协调的设计基准速度。该标准中规定的各级公路设计速度见表 1.1。

表 1.1 各级公路设计速度

公路等级	高速公路			普通公路							
				一			二		三		四
设计速度/(km/h)	120	100	80	100	80	60	80	60	40	30	30	20

众所周知，我国现行标准规定高速公路最高设计速度为 120km/h，《中华人民共和国道路交通安全法》也规定我国高速公路最高限速为 120km/h。但是很少有人知道该设计速度最早出现在 1951 年颁布的《公路工程设计准则(草案)》中。该《公路工程设计准则(草案)》将技术等级分为 Ⅰ～Ⅵ级，设计速度为 25～120km/h，第Ⅰ级最高设计速度为 120km/h，见表 1.2。

表 1.2 1951 年《公路工程设计准则(草案)》设计速度[1]

技术指标	技术等级					
	Ⅰ	Ⅱ	Ⅲ	Ⅳ	Ⅴ	Ⅵ	
						甲	乙
设计速度/(km/h)	120	100	80	60	40	30	25

高速公路在我国社会经济发展过程中发挥着举足轻重的作用，然而随着时间的推移和汽车技术的进步，社会经济的发展也对高速公路的规划、设计提出新的要求。近 70 年来，车辆性能和道路设计施工技术都得到极大提高，120km/h 的设计速度已经不能满足现实需要，目前发达国家高速公路最高限速普遍高于我国，并有进一步提高的趋势。例如，法国、瑞士、奥地利等 21 个国家高速公路最高限速为 130km/h，美国得克萨斯州高速公路最高限速为 137km/h(85mi/h)，意大利目前最高限速 140km/h，并已启动立法拟将最高限速提至 150km/h，德国大部分高速公路甚至不设限速，部分国家高速公路最高限速见表 1.3。

表 1.3　部分国家高速公路最高限速

序号	最高限速/(km/h)	国家和地区
1	—	德国
2	140	意大利、沙特阿拉伯、波兰、保加利亚
3	137	美国得克萨斯州
4	130	俄罗斯、阿根廷、澳大利亚、利比亚等
5	120	中国、印度、巴西、韩国、哥伦比亚、委内瑞拉等

高速公路限速虽然降低了交通事故的数量和严重程度，提高了道路交通安全性，却影响了汽车性能的发挥，也降低了高速公路出行的效率。因此，建设设计速度超过 120km/h 的超高速公路是未来高速公路的发展趋势。

2. 汽车设计速度

汽车最高设计速度是指在无风条件下，在水平、良好的沥青或水泥路面上，汽车所能达到的最大行驶速度。按我国的规定，以 1.6km 长的试验路段的最后 500m 作为最高车速的测试区，共往返四次，取平均值。最高车速不同于理论最高车速，即发动机在最佳状态所能达到的最高车速。对于部分高性能汽车，厂家在出厂时为了保护发动机或者为了符合交通法规，常会通过技术手段(如电子限速功能)限制车辆的最高车速，例如，奔驰 S600 在解除电子限速的情况下，会超过限制下的 250km/h，可以达到 300km/h，甚至更高。目前道路上行驶的汽车最高设计速度大都超过 180km/h，部分跑车、赛车的设计速度甚至超过 400km/h，部分车型最高设计速度见表 1.4。

表 1.4　部分车型最高设计速度

序号	品牌及车型	排量	最高设计速度/(km/h)
1	大众捷达 2019 款	1.4L	181
2	大众桑塔纳 2018 款	1.5L	185
3	雪铁龙爱丽舍 2018 款	1.6L	193
4	本田雅阁 2018 款	1.5T	190
5	大众迈腾 2018 款	2.0T	230
6	丰田凯美瑞 2018 款	2.5L	250
7	保时捷 911 2019 款	3.0T	308
8	法拉利 448 2015 款	3.9T	330
9	兰博基尼 2019 款	6.5L	351
10	布加迪威龙 2019 款	8.0L	498

60 多年前，道路施工技术落后，车辆性能无法与当前相提并论，公路技术专家和前辈在制定标准时，将最高限速确定为 120km/h，表现出了过人的智慧和胆识，体现出前所未有的前瞻性，值得我们学习。然而目前我国公路施工技术突飞猛进，经济实力跃居世界第二，早已具备建设设计速度更高的超高速公路的条件，因此迫切需要修改现行标准，提高高速公路限速。

1.2　研究目的和意义

1.2.1　研究目的

1997～2007 年，我国铁路经历了六次大提速，全国列车平均运行速度从 48.1km/h 提高到 70.18km/h。截至 2019 年底，全国高速铁路里程已达 3.6 万 km，设计速度最高达 350km/h。我国铁路提速和高速铁路建设为超高速公路的发展提供了很好的借鉴。为了适应未来我国设计速度高于 120km/h 的超高速公路发展需求，本书对超高速公路的安全性和经济性进行了研究。对超高速公路的研究主要有以下目的：

(1) 为超高速公路建设提供依据。高速公路的建设要适应社会经济的发展和科学技术的进步。我国的经济发展水平、汽车制造技术和道路施工技术，已经能够满足更高等级高速公路的建设需求。设计速度超过 120km/h 的超高速公路进入工程实践只是时间问题，因此充分研究高速公路的安全性和经济性，可以为建设更高等级的高速公路提供依据。

(2)为交通法规的制定提供参考。交通法规的制定不仅要遵循社会经济发展的规律，还要紧跟汽车技术进步的步伐。随着车辆技术性能的提高，其安全性越来越有保障，高速公路过低的限速不但影响车辆性能的发挥，也影响高速公路的运输效率。国外提高或取消高速公路限速的呼声越来越高，我国在制定相关交通法规和技术标准时，也应充分考虑车辆技术性能的提升和道路施工技术的提高带来的影响。因此，充分研究超高速公路的安全性和经济性可以为交通法规的制定提供参考。

(3)为汽车技术发展创造条件。汽车技术的发展不仅能够增加驾乘的舒适性和安全性，还能提高汽车驾驶的乐趣，在车路协同等技术的配合下，还可以提高道路的通行能力，进而提高出行的效率。超高速公路交通安全评价研究，应充分考虑辅助驾驶技术和自动驾驶技术等对交通安全的保障；而对超高速公路经济性的研究，则需充分考虑建设成本、燃油费用等对超高速公路出行的影响，从经济上对超高速公路的可行性进行论证。汽车技术的进步对高速公路的技术等级提出更高的要求，高等级公路的建设也会促进汽车技术的进步。因此，超高速公路的研究能够为汽车技术的进步创造有利条件。

1.2.2 研究意义

在汽车制造技术和道路施工技术飞速发展的今天，对超高速公路的安全性和经济性进行研究有着重要的理论价值和现实意义。

1. 开启国内外超高速公路的研究

根据《公路工程技术标准》(JTG B01—2014)，我国高速公路的设计速度为 120km/h，其他国家高速公路的设计速度也大多在 130km/h 以下。

因此，国内外对设计速度在 130km/h 以上的高速公路的研究较少。本书不仅提出超高速公路的概念，还对超高速公路进行分级，提出载客汽车专用公路和智能汽车专用公路的概念。

本书对我国超高速公路进行研究，将来对超高速公路线形、超高速公路桥梁结构荷载、超高速公路通行能力、超高速公路服务水平以及车辆高速行驶燃油经济性和高速行驶交通安全性等的研究会越来越深入，越来越接近工程实际。

2. 研究设计速度超过 130km/h 的高速公路的技术参数

本书借鉴高速铁路发展的经验，首次通过计算、仿真和试验相结合的方法，对超高速公路的平、纵、横参数进行标定。超高速公路的设计速度远高于既有高速公路。因此，其行车道宽度、中间带宽度、路肩宽度、车与超车视距、最小平曲线半径、平曲线加宽、最大纵坡等指标都有较大提高。

3. 用仿真的方法研究超高速公路运行特征

速度超过 120km/h 的实车试验，既不安全也不合法，而交通仿真不需要真实汽车上路，可以减少大量的试验，还可以避免超高速公路交通系统中的某些危险情况或灾难性后果，而且交通仿真还能够重复提供相同的道路条件，从而可以避免多次试验因条件不同而产生的误差。此外，通过交通仿真软件，还可以更深入的研究超高速驾驶时驾驶员的生理、心理特性，据此对现有跟车模型的重要参数进行调整。本书主要利用交通仿真软件研究适应 120～180km/h 设计速度的道路特征、车辆性能和乘员的舒适性及安全性。

4. 结合汽车新技术研究汽车的运行特性

车间通信技术、车路协同技术、汽车列车技术等对提高超高速公路的通行能力有非常重要的作用，特别是汽车列车技术，经初步研究，利用此技术可使超高速公路的通行能力达到普通公路的 7 倍。

汽车列车技术是通过 Wi-Fi 无线网络通信，将多辆货车任意组成和解编列车，一个驾驶员可以控制组成列车的多个车辆，对整个车队利用激光传感器和红外摄像头进行监视。目前汽车列车技术在英国和日本均已完成路试，这将显著提高超高速公路的通行能力，并为超高速公路交通安全提供保障。

1.3　国内外研究现状

1.3.1　国外研究现状

1. 高速公路研究现状

截至 2017 年底，全世界高速公路里程已达到 35.45 万 km。全世界高速公路里程在不断增加，资源利用效率和节能环保水平明显提高，发达国家已构成“合适能力、周到服务、舒适环保、有效保障”的公路交通运输体系，基本能够适应本国国民经济和社会发展的需要。目前高速公路的发展趋势是完善网络，增强养护管理能力；提高高速公路运输装备现代化程度，形成合理运输结构，提高运输服务的效率和质量；增强安全和应急保障能力[2]。

Wager 等[3]研究了电动汽车在高速公路上行驶时的放电特性，并根据电动汽车充电慢的特点提出高速公路充电站建设的合理间距和规模。

《公路安全手册》(*Road Safety Manual*，简称 HSM) 建议使用经验贝叶斯方法预测道路安全性，但该方法需要大量的道路信息数据。Saha 等[4]研究了基于碰撞预测影响的变量标定方法，降低了数据收集的工作量。

Suh 等[5]研究了高速公路交通波的产生和消散规律，建立了基于停车和启动的高速公路交通波模型，为高速公路交通控制提供了理论依据。

Reilly 等[6]根据复杂的动态交通系统拥塞模型，提出一种高速公路网络与匝道协调控制系统，为高速公路智能管理奠定了基础。

Como 等[7]参考细胞传输理论，采用可变限速、匝道控制、路线控制、区域控制等方法，提出系统性最佳的动态交通分配(dynamic traffic assignment，DTA) 设计，建立新的交通分配模型。

2. 高速公路限速研究现状

目前全世界有德国、意大利和美国等 23 个国家的高速公路最高限速超过 120km/h，西班牙等国家也正在试图提高高速公路最高限速。

1932 年德国修建了科隆到波恩的高速公路，全长仅有 30km，最高限速 120km/h，而当时大部分汽车最高设计速度只有 60km/h。此后德国大规模规划和建设高速公路，到 1945 年，德国高速公路里程达到 3860km，另有 2500km 在建。目前德国高速公路总里程达到 1.3 万 km，其中 2/3 的路段没有速度限制，另外 1/3 建议最高限速为 130km/h，超过该最高限速也不会被处罚。因此德国交通管理部门对路面的平整度和安全性提出了极高的要求[8]。大部分欧洲国家借鉴了德国的经验，有近 20 个国家将德国最高限速建议值作为本国高速公路最高限速。

1937 年美国在加利福尼亚州修建了第一条全长 11km 的高速公路。美国各州的高速公路限速不同，大多在 105～129km/h (65～80mi/h)，只有得克萨斯州部分高速公路的最高限速为 137km/h (85mi/h)，这也是美国的最高限速。美国高速公路几乎没有监控设施，超速处罚仅靠路侧警察执行，不超过限速 10mi/h 一般不会被处罚[9]。

3. 公路交通安全研究现状

美国和德国等对公路交通安全的研究起步较早，所做的研究具有一定的广度和深度。在其公路交通安全工作中，规划和立法是政府的责任，警察的主要责任是进行公路交通安全执法。而公路交通安全研究、宣传教育、事故预防、汽车性能检测等其他的基础性工作则由各种社会机构负责执行。

Russo 等[10]利用 HSM 提供的算法研究了道路线形对交通事故的影响。研究结果表明，增加道路平曲线半径、降低纵坡坡度能够改变交通事故车辆碰撞的形态，降低事故的严重程度。

Trieu 等[11]研究了 HSM 提供的安全预测模型，并在大量数据调查的基础上，根据各国交通特性，对 HSM 提供的校正系数进行修正，提高了安全模型预测精度。

Oh 等[12]在单一交通事故预测模型的基础上，提出通过车间通信技术降低公路交通事故连环碰撞的技术方案。研究结果表明，该方案能够将车辆发生连环碰撞的可能性降低 7%。

Park 等[13]为了评估得克萨斯州某两条高速公路的安全性，用经验贝叶斯模型，对这两条高速公路近 12 年来的交通事故数据进行分析。研究结果表明，完善交通安全设施后，这两条高速公路的事故发生率分别降低了 35%和 42%。

Mohammadi 等[14]用负二项回归模型代替传统的经验贝叶斯模型，研究了密苏里公路安全计划(Missouri Highway Safety Plan，MSHSP)实施后，州际公路发生的交通事故数量和严重程度的变化，评价了该计划对公路交通事故的影响。研究表明，密苏里公路安全计划实施后，交通事故数量降低了 10%，致死交通事故数量降低了 30%。

4. 公路运输能耗研究现状

国外公路运输能耗研究的主要内容包括降低传统化石燃料的消耗、开发新能源和新技术以及改进汽车设计等方面，具体内容包括发展电动汽车、发展智能交通和降低汽车行驶的风阻等。

Lavrenz 等[15]研究了一种自动电子公路系统(automated electric highway systems，AEHS)，通过模拟该系统在美国 70 号州际公路上的使用发现，使用该系统后能够减少 25%化石燃料的使用，并将排放量减少到原来的 27%。

Perez-Martinez 等[16]用回归模型对收费公路的燃油消耗进行了研究，研究结果表明，如果将能源指标平均分配给每个出行者或者货主，乘摩托车出行者比乘汽车会更多，而用铰接车运输的货主远高于用小型厢式货车运输。

Saqr 等[17]研究了汽车在公路上行驶时因克服风的阻力而消耗的能量。研究结果表明，自 2002 年以来，由于汽车风阻设计不合理给马来西亚带来的燃油损耗达 120 万 t。

Nasir 等[18]研究了智能交通系统对减少交通拥堵和能源消耗的影响。研究结果表明，智能导航系统提供的实时交通流数据和历史交通信息能够有效降低拥堵和能源消耗。

5. 公路交通特性研究现状

国外公路交通特性的研究主要从驾驶员角度出发，结合其行为模型，综合考虑驾驶员视觉搜索特性、视觉信息负荷、脑力工作负荷和速度控制对行车安全的影响。研究大多以行车试验为基础，以数据分析和模型建立为手段，通过对驾驶员行车数据中的生理参数和眼动参数的回归分析确定驾驶员心理、生理参数与公路线形的相关性，应用极值定理和拉格朗日中值定理，确定驾驶员生理参数和眼动参数发生突变的点及对应的公路线形指标。

Pasha 等[19]以 185 个城市为例，研究不同道路布局和社会经济发展水平对交通的影响。研究结果表明，道路布局和社会经济发展水平明显影响公共交通发展。

Theofilatos 等[20]研究了特殊天气条件下的交通特性。研究结果表明，特殊天气条件下，事故率与交通流量存在非线性关系，影响交通特性的天气原因主要包括降水、能见度、风速和温度等。

Esser 等[21]在 2013 年 9 月～2014 年 2 月，收集了印度一个急救区域 3366 例(88%为男性)酒后驾驶造成交通事故的数据，并用逻辑模型研究了饮酒与发生交通事故的关系。研究结果表明，17.9%的饮酒者造成了交通事故。

Ciobanu 等[22]为了确定影响交通事故严重性的各种指标，分析了 2010～2014 年罗马尼亚交通事故的时间和空间特征，研究结果表明，事故的时间分布、空间分布、涉及的车辆数量和城市化水平与事故的严重程度具有相关性。

6. 公路技术参数研究现状

国外对道路设计参数的研究更强调协调设计方法的重要性，特别是对现有设计标准的灵活运用，并鼓励设计者在设计时，采用标准和规范，提出更好的、有创造性的解决方案。国外高速公路设计注重在总结过去建设经验的基础上，提出综合平衡和处理公路建设中安全、快速、环保、美学、经济要求等各种因素的具有系统工程思想的协调方法及理念。

Luque 等[23]研究了基于一致性道路的几何设计方法，这种方法运用不同的模型预测车辆的运行速度，然后以预测速度作为设计速度来计算道路的设计参数。

Kraft 等[24]研究了公路设计参数变化对建设成本的影响，建立了不同地形条件下各种参数变化对应的成本变化模型，大大减少了估算道路设计成本的工作量。

Stamatiadis 等[25]利用虚拟现实技术模拟环境对驾驶员驾驶速度的影响。研究结果表明，道路平曲线半径、坡度等设计参数以及道路两侧植被类型和密度对驾驶速度有明显的影响。

7. 自动驾驶研究现状

国外对辅助驾驶技术、自动驾驶技术和无人驾驶技术的研究起步早，发展快，已有谷歌、沃尔沃、日产等数十家汽车企业和汽车零部件企业进行了研究。谷歌从 2009 年开始启动无人驾驶项目的研究，到 2019 年 2 月，谷歌自动驾驶汽车已经在自动模式下行驶了 2000 万 km。

Kanuki 等[26]提出了采用直方图梯度取向的计算方法来评估和补偿自动驾驶汽车摄像头图像处理精度的不足，从而克服了图像失真的缺陷，并且提高了图像信息处理的速度和自动驾驶的可靠性。

Jagerbrand 等[27]通过驾驶模拟，对自动驾驶汽车遇到野生动物的反应进行了研究。研究表明，路侧监控摄像头、野生动物模型和野生动物标志均对自动驾驶汽车的反应有影响，其中野生动物模型影响最为明显。

Weyer 等[28]通过问卷调查对具有辅助驾驶功能的汽车安全性进行了研究。调查研究结果表明，辅助驾驶技术的安全性和可靠性越来越高，受访者对辅助驾驶的舒适性越来越满意。

8. 公路运输成本研究现状

国外发达国家公路运输体系完善，关于运输成本的研究起步早，内容丰富，主要集中在提高综合运输效率以降低成本方面，即在不同运输方式之间寻求最低的运输成本。关于公路运输成本的研究重点是通过优化路径降低公路运输成本。此外，还有关于特殊货物运输成本的研究，如危险品运输、鲜活农产品运输等。

Guajardo 等[29]通过调查研究，2010～2015 年发表了与运输成本相关的论文 55 篇，从规划、车辆路径选择、运输企业选择等不同阶段分析不同运输方式的成本，为综合运输规划提供了理论依据。

Azarnert[30]研究了运输成本占不同行业的比重。研究结果表明，不同行业交通运输成本存在巨大差异，对于运输成本占比较大的企业，通过降低运输成本提高企业经济效益效果明显。

Nakandala 等[31]采用多种计算机智能算法，包括遗传算法(genetic algorithm，GA)、模糊解释遗传算法(fuzzy interpretation genetic algorithms，FIGA)以及改进的模拟退火(modified simulated annealing，MSA)法，应用有效率标杆修复机制的程序，研究鲜活农产品运输成本。研究结果表明，智能算法能够最大限度地降低管理成本，提高鲜活农产品的预期交货质量。

Swobodzinski 等[32]提出了基于 Web 平台，由公共参与改进运输规划的理念。首先由主管部门提出交通项目的多个建议位置，然后由交通项目的使用者通过网络投票，根据道路使用者的使用成本最终确定交通项目的建设位置。

1.3.2 国内研究现状

1. 超高速公路研究现状

我国关于超高速公路的研究始于 2015 年 3 月，本书作者在讨论关于高速公路限速时，裴玉龙教授提出，我国高速公路质量标准高，行车条件好，高速公路最高限速 120km/h，部分高速公路甚至限速 100km/h，是对交通资源的极大浪费。于是何永明博士开始查阅相关规范，发现 1972 年颁布的《公路工程技术标准(试行)》中就有一级公路最高设计速度为 120km/h 的规定。为了找出最高设计速度 120km/h 的源头，何永明博士先后查到了 1956 年颁布的《公路工程设计准则(修订草案)》、1954 年和 1951 年颁布的《公路工程设计准则(草案)》，其中 1951 年《公路工程设计准则(草案)》是中华人民共和国成立以来最早的公路技术标准，以上标准中均有最高设计速度为 120km/h 的规定。

2015 年 9 月，为了学习德国高速公路不设限速的经验，本书作者参加了中德交通安全会议，并考察了德国高速公路，期间与同济大学和北京工业大学教授以及德国专家探讨了中国高速公路提速和超高速公路建设的可行性。作者的议题引起了国内教授和德国专家的极大兴趣，并表示愿意为相关研究提供帮助。

对中国公路技术标准的研究和对德国的实地考察进一步坚定了作者对中

国超高速公路研究的信心。作者于2016年1月发表了关于超高速公路的论文《超高速公路发展可行性论证与必要性研究》。该论文提出超高速公路的概念，对超高速公路技术等级进行划分，然后对超高速公路的可行性进行论证，最后对超高速公路发展的必要性进行了深入研究，为超高速公路的发展描绘了广阔的蓝图[33]。目前超高速公路相关研究正处于蓄势待发阶段，该研究已获得黑龙江省自然科学基金等多项资助。

2017年8月，何永明等在《超高速公路及其通行能力研究》中，从交通运行特性的角度对超高速公路通行能力进行研究，研究结果表明，基于自动驾驶技术的汽车列车专用高速公路，既可以提高超高速公路的设计速度，又能够提高超高速公路的通行能力[34]。

2018年1月，何永明等在《基于出行费用的超高速公路经济性评价》中，在分析普通高速公路和高速铁路造价的基础上，对超高速公路造价进行了估算，并以此为依据，参考普通高速公路建设成本和通行费收取标准估算了各级超高速公路通行费标准，研究结果表明，超高速公路出行在经济上具有一定优势[35]。

2018年1月，何永明等在 *Horizontal Alignment Design Theory of Superhighways* 中，分析确定了超高速公路平面线形设计影响因素，根据驾驶员特性计算了超高速公路的直线限制长度，在汽车行驶受力分析的基础上，确定了圆曲线最小半径，根据汽车离心加速度、行驶时间和乘员视觉特性确定了缓和曲线的最小长度。研究结果表明，通过增加平曲线半径，降低竖曲线坡度和调整缓和曲线设计参数能够满足超高速公路安全运行要求[36]。

2018年5月，陈芬菲等在《基于SWOT分析法的超高速公路发展研究》中指出，随着城际交通出行量日益增长，人们对有效提升高速公路运行效率提出了更高的要求。汽车技术的不断更新、智能交通的快速发展以及新能源技术的开发利用为超高速公路发展提供了基本保障。针对超高速公路在施工建设期及运营管理期的特征优势与劣势、外部环境的机遇与威胁，通过运用态势分析法(strengths weaknesses opportunities threats，SWOT)，为超高速公路未来发展提供了建议[37]。

2019年1月，何永明等在 *Environmental and Economic Evaluation of Superhighway Based on Travel Cost* 中，在分析公路客运、铁路客运和民用航空票价的基础上，分别计算了每人每公里的出行成本并进行了比较。研究表明，超高速公路出行单人成本为0.33～0.65元/km，高于公路大客车0.28元/km、普通高速公路自驾0.18元/km和特快列车0.23元/km，但是低于高铁一等座

0.78 元/km，更远低于民航班机经济舱 0.92 元/km 和公务舱 2.42 元/km[38]。

2. 高速公路研究现状

我国高速公路研究内容主要包括施工方法、道路建筑材料、施工组织等，与国外研究内容有较大差别，但差别越来越不明显。

裴玉龙等[39]为降低因道路施工而关闭车道带来的交通影响，设计了高速公路作业区的智能车道合流控制系统，并建立信息采集子系统、信息处理及决策子系统和信息发布子系统。该系统通过分析交通检测器采集到的实时数据对交通状态进行判别，根据道路的拥挤状况动态选择车道汇合控制方案。通过仿真模拟的方法，对控制系统的性能进行比较分析。研究结果表明，智能合流控制相比于静态合流控制、动态提前合流控制和动态延迟合流控制，在改善高速公路作业区的安全性和通行能力方面更有优势。

吴焱等[40]为了预防并减少交通事故发生，将事后惩罚的交通管理策略转换为事前预防，建立了包括汽车性能、环境条件等多个影响因素的高速公路交通安全风险评价指标体系，提出了综合运用层次分析法(analytic hierarchy process，AHP)、逼近理想解排序法(technique for order preference by similarity to an ideal solution，TOPSIS)及秩和比法(rank-sum ratio，RSR)等方法的高速公路交通安全风险评价方法，并以福建永武(永安—武平)高速公路为例对该方法进行了验证。研究结果表明，永武高速公路交通安全风险等级为 I 级-巨警，风险等级高；基本反映了永武高速公路的交通安全实际状况。

李明星[41]为了深入研究我国高速公路交通事故发生的内在机理和重要影响因素，建立了高速公路交通安全服务水平分级评价指标体系。采用负二项分布模型描述了高速公路交通事故呈现出的离散性和偶然性特征，在实证研究阶段利用 Stata 软件对某高速公路交通事故高发路段进行回归分析，结果表明，大型车比例、曲线比例、平均纵坡、曲度、弯坡组合以及特殊路段对高速公路交通事故发生的影响作用最为显著，并得到变量系数的估计值。

何永明等[42]为了研究冰雪条件下高速公路通行能力的衰减规律，用理论计算和软件仿真相结合的方法得出高速公路通行能力衰减数据。结果表明，计算结果与仿真结果基本一致，在不同路面状况下，低速时通行能力差异较小，高速时通行能力随附着系数减小而衰减明显。在相同路面状况下，高速公路通行能力随车速增加而增大，达到最大通行能力后逐渐减小。

秦华容[43]对中国和美国高速公路上的交通运输状况进行对比，根据中国高速公路运输量调查方法得到的客货运输与车辆运行数据，以及来源于不同渠道的美国高速公路的运输相关数据，通过对比研究了中国高速公路上的客货运输特性，认为中国高速公路运输最大的特征在于货车比例大，客运的特点在于群体性出行比例大。同时，通过中国高速公路与铁路运输的对比，以及中国和美国公路和铁路运输的对比，分析了中国高速公路与铁路的客货运市场分工，对中国的高速公路与铁路运输发展趋势进行了判断。秦华容等通过研究认为，应将高速公路运输统计纳入国家公路运输统计体系中，并委托专门机构开展全国层面的统计，在运输统计内容上，还可以在客货运起讫点(origin destination，OD)、货物分类与价值量、运输可靠性数据等方面进行进一步拓展。

胡圣能[44]为公路景观工程实践提供方法借鉴，采用系统分析法，界定了高速公路景观的定义，阐述了高速公路景观的构成及特点，提出了景观的功能和目标系统，整合了景观生态学、恢复生态学、环境心理学、视觉理论、色彩学理论、景观美学等涉及高速公路景观的理论知识，得出相关的研究理论和研究方法，确定了相应的理论基础，提出了景观规划设计的总体框架。为今后的相关研究奠定了基础，也为公路景观工程实践提供了方法借鉴，具有重要的理论指导意义和现实意义。

王殊[45]为了评价高速公路服务区的服务水平，首先从用户的视角出发，依据评价体系的层次性、系统性、可比性与可操作性等原则，从服务区布局、设施水平和用户体验三个方面构建了评价体系的准则层，进而建立了面向用户的高速公路服务区综合评价指标体系；其次明确了各项指标的分级标准，并利用熵值法结合逼近理想解排序法对高速公路服务区进行综合评价与排序；最后选取京哈高速公路沿线的四平服务区、公主岭服务区与德惠服务区进行案例研究。结果表明，四平服务区的综合水平良好，公主岭服务区和德惠服务区综合水平一般，其中德惠服务区综合水平最低。

于天才[46]为合理控制高速公路工程造价，结合四川省当时在建的雅康(雅安—康定)及汶马(汶川—马尔康)高速公路工程造价控制调研情况，对山区及高海拔地区高速公路工程造价影响因素进行初步探讨，为山区及高海拔地区高速公路造价标准的制定和修订提供了参考，为类似项目投资控制提供了借鉴。

3. 道路交通安全研究现状

随着我国公路通车里程的不断增加和汽车数量的不断增长，人们对交通安全越来越重视，相关研究也取得了丰硕的成果。其中最明显的是在此背景下，我国交通事故数量和死亡人数在不断下降，分别从 2002 年的 77.3 万起、10.9 万人，下降到 2018 年的 24.5 万起、6.3 万人。

裴玉龙等[47]从道路交通安全及管理的实际需要出发，以现行的《中华人民共和国道路交通安全法》及其他相关道路交通安全管理法规为基础，系统地研究了道路交通安全管理法规的产生、发展及作用，从不同侧面阐述了道路交通安全管理法规制定的理论与方法；并在此基础上进行了大量的案例分析，为道路交通安全管理与执法提供理论依据和参考。

张云飞[48]以我国高速公路交通安全现状为基础，从系统的角度出发，对我国高速公路的交通事故特性进行分析，并对高速公路交通安全影响因素进行全面和系统的研究。通过对高速公路的人、车辆、道路、交通环境等诸多因素的分析，确定了高速公路交通事故诱发的主要因素，依据评价指标体系的建立原则和评价指标的选取方法，建立了高速公路交通安全评价指标体系，对评价指标进行量化处理，并用层次分析法来确定各层评价指标的权重。

李聪颖等[49]在高速公路交通安全评价体系的基础上，对反向传播(back propagation，BP)人工神经网络在高速公路交通安全评价的设计与实现中的应用进行了分析，结合高速公路交通安全评价的特点，采用 C++ 语言与数据库技术，开发了基于 BP 人工神经网络的交通安全综合评价软件，并进行了实例分析与验证。研究结果表明，BP 人工神经网络算法应用于高速公路交通安全评价具有良好的扩展性、开放性、收敛性和很强的自动调节能力。

高岩等[50]以 1994～2013 年的高速公路交通事故统计数据为分析对象，采用事故起数、事故死亡人数、事故率、致死率、重大事故起数等作为评价指标，对比交通事故总量和不同等级公路事故情况，分析了当前我国高速公路交通安全形势。从交通安全执法管理的角度，对高速公路交通事故的发生时间、事故形态、肇事车辆类型、事故原因、肇事驾驶员驾龄等特性进行特征分析，从立法、教育、工程、执法、急救、评价 6 个方面提出了高速公路交通安全管理系统化对策，为进一步认识当前高速公路交通安全形势，完善高速公路交通安全管理提供了技术支持。

尹春娥等[51]为了提高高速公路交通事故检测效率并降低误警率，提出一种基于小波方程的高速公路交通事故自动检测方法。研究结果表明，基于小波方程的事故检测算法具有较高的检测率和较低的误警率及更少的平均检测时间，在各种交通运行情况下，平均检测率可达到 94%，误警率可降至 1%；自适应阈值策略对事故检测效率影响显著，对交通运行环境的变化具有较强的适应性。

孟祥海等[52]考虑车道变换可能对交通安全造成不利影响，结合广东省3条高速公路64个路段的交通运行状况数据和交通事故历史数据，利用负二项分布预测方法，建立并标定了基于交通量、路段长度、车道变换次数、大型车变道比例、单位里程变道次数等5个解释变量10组不同组合的交通事故预测模型。

4. 汽车能耗研究现状

我国汽车能耗的研究从总体看呈逐年递增的趋势，并且由早期的汽油、柴油消耗研究逐步转化为混合动力和电动汽车能耗的研究。降低汽车能耗研究的热点主要集中在降低汽车行驶风阻和提高发动机制造精度等方面。近年来，随着混合动力汽车的出现，汽车制动能量再回收的研究也取得阶段性成果。

耿聪等[53]分析了电机再生制动对车辆制动性能的影响，并结合典型城市公交客车运行工况特点，提出适于东风混合动力电动城市客车(EQ6110HEV)的再生制动控制策略：低制动强度时优先采用再生制动，高制动强度时按比例复合再生制动与摩擦制动。仿真计算表明，在各种循环工况下，EQ6110HEV采用这种再生制动控制策略均有较好的节能效果，可降低能耗10%～25%。

周兵等[54]以环线行驶工况和市内行驶工况的比能耗和动力因数作为优化目标函数，根据电动机最高转速、峰值转矩和地面附着力对汽车性能的影响建立了传动系传动比的边界约束条件，引入了电池低电荷状态时的传动比边界约束条件。利用基于模拟退火的粒子群优化算法对所设计的纯电动汽车传动系的传动比进行优化，在某组加权系数下，优化结果使得动力因数提高、比能耗降低。

刘忠途等[55]以实验室研发的城市通勤电动车辆(electrical commuter urban vehicle，ECUV)为研究对象，在台架上测试不同车速下匀速行驶的百公里能耗，并做出能耗经济特性曲线，模拟道路循环行驶工况实现续驶里程及能耗仿真计算。通过测试纯电动汽车在不同整车质量下的百公里能耗，分析整车质量对能耗经济性的影响。研究结果用于指导ECUV能耗性能的改善及续驶里程的提高，对开发其他电动汽车具有参考作用。

5. 公路交通特性研究现状

目前我国对公路交通特性的研究呈增长趋势，主要对交通量、交通组成、运行速度、通行能力和服务水平等指标进行研究。根据文献分析，今后相关研究将越来越重视人、车、路的交通特性和人、车、路之间的协调性以及公路运行安全等方面。

周天星等[56]研究了山地景区地形地貌对交通规划的限制性、生态保护与交通规划的协调性、山地城镇景区交通的层次划分、景区旅游交通特性等关键问题，提出了山地景区“生态交通、安全交通、景观交通、复合交通、智慧交通”的规划理念，并以九寨沟风景名胜区为例进行了山地景区交通规划分析。

秦雅琴等[57]以山区公路上设置的爬坡车道为试验对象，利用驾驶模拟试验对其交通特性及驾驶安全性进行仿真。仿真分析结果表明，在常规交通流情况下，爬坡车道可提高主路上的平均车速及其平稳性，同时可减少来自对向车道的冲突；但随着交通流量趋于饱和，其有效性逐渐减弱甚至产生负面影响。

吕剑等[58]为研究混合交通特性，通过视频采集、视频处理、运动轨迹提取和坐标转化等一系列处理手段，提出了获取混合交通流中各类运动实体轨迹线的基本方法。通过对轨迹数据的挖掘和回归分析，研究混合交通流中各类运动实体的空间位置和速度分布，分析了混合交通流中机动车和非机动车相互影响的成因和表现。

何小洲等[59]对高速公路施工区中的控制区进行了划分，明确了各控制区的主要功能及特征。施工区车辆运行特性表现为合流车辆会造成施工区交通流重分布、超车道车辆优先通行以及合流的强制性等。在大量交通调查的基础上，对施工区行车道、超车道、合流车道的车头时距分布，各控制区车速的频率分布、空间分布，车道占有率以及车辆汇入特征进行了深入分析。

6. 公路线形设计研究现状

我国早期公路线形设计的研究注重保证汽车行驶安全性、舒适性和经济性，随着经济水平的提高，目前公路线形设计除考虑以上因素外，还要重点考虑线形同地形、地物、景观等条件的协调性。目前已经形成完善的道路线形设计相关规范，包括《公路工程技术标准》(JTG B01—2014)、《公路路线设计规范》(JTG D20—2017)等。

郭应时等[60]统计了两条山区公路的交通事故数据与平面线形数据，采用角度变化率作为平面线形的表征参数，对样本路段区间内的事故率与角度变化率进行回归分析。并分别计算了当前样本路段向前0.25km、0.50km、0.75km、1.00km、1.50km等多个计算区间上的平均角度变化率，研究结果表明，平均角度变化率大约为0.0020°/km时事故率最低。

孟祥海等[61]通过分析交通事故与几何线形的相关关系，提出基于几何线形指标的山区高速公路路段交通安全评价方法。首先应用统计分析原理，建立事故率与平、纵线形指标的关系模型，根据该模型确定具有不同线形条件的各类路段的基础事故率；然后利用各类路段的基础事故率，提出单一线形的事故率系数及组合线形的综合事故率系数概念，并给出系数计算公式和取值方法；最后利用综合事故率系数并基于统计分布原理，提出基于几何线形指标的路段交通安全评价方法并进行案例分析。结果表明，该方法能够从几何线形指标的角度评估山区高速公路各路段的交通安全状况。

郭忠印等[62]为全面地研究公路线形指标与道路安全之间的关系，以曲率、曲率变化率、曲线转角、纵坡度、车道宽度、车道数、左右路肩宽度等设计指标为依据在国内首次提出公路线形综合指标的概念，构建了公路线形综合指标评价模型，为公路线形的量化分析提供了理论评价方法。通过回归分析得到事故率与线形综合指标累计值之间的关系，回归分析结果表明，公路线形综合指标可以作为公路线形质量评价和道路安全评价的评价指标，并且综合指标累计值与事故率具有较好的相关性，得到了事故率与综合指标累计值的关系模型，并根据算例制定了安全性评价标准。

阎莹等[63]为准确预测高速公路运行车速，以平、纵线形综合指标为主，横断面线形指标为修正的方式，考虑桥梁、隧道等结构物的影响，建立了包括曲率、曲率变化率、曲线转角、纵坡度、车道宽度等指标的公路线形三维空间综合指标描述函数；并根据运行车速的连续性变化及驾驶员视觉需求，确定车辆行驶中前方 100～250m 有效注视范围为前方线形对车速的影响范围；根据车辆加减速性能，确定后方 200m 加减速长度范围为后方线形对车速的影响范围。通过对前、后线形影响范围内公路线形综合指标的累积效果与运行车速的相关性分析，建立了高速公路线形三维空间综合指标与运行车速的关系模型，应用结果表明，该关系模型适合于我国高速公路的连续性预测。

7. 自动驾驶技术研究现状

我国对自动驾驶技术的早期研究起源于清华大学和中国科学技术大学等高校，主要注重理论的研究。目前长安、百度、奇瑞、乐视等企业相继对此开展研究，并逐步进入量产阶段。

李达等[64]以 Windows Embedded Compact 系统下先进的精简指令处理器(advanced RISC machines，ARM)为控制平台，设计了一种嵌入式自动驾驶控制与远程监控系统。该系统融合了全球定位系统(global positioning system，GPS)与航姿参考系统(attitude and heading reference system，AHRS)的姿态位置数据，经与车载导航地图对比后，规划出行驶路径。基于反步法(back-stepping，BS)控制算法选取 Lyapunov 函数设计车辆轨迹跟踪控制器，并通过 MATLAB 仿真验证了该决策算法的可行性。在远程监控端完成车辆实时姿态位置显示、历史轨迹回放、偏航报警，实现了车辆的远程控制。

赵炯等[65]研究了基于机器人车(robot car，RC)和小型电动汽车的自动驾驶系统，使用粒子滤波和卡尔曼滤波技术来处理从不同传感器采集的数据，实现了在噪声环境下准确估计和认知电动汽车周围环境。

孙巍等[66]对比了美国、欧盟和中国自动驾驶研究的现状，分析了法律、法规和标准制定，发展路线规划，以及应用测试等情况，并结合中国国情提出了推动和应对自动驾驶技术发展的相关对策和建议。

8. 公路运输成本研究现状

我国公路运输成本主要包括燃油费、道路通行费、人工费和车辆折旧等部分。对公路运输的成本研究也围绕上述内容进行，其中对综合运输成本的比较占了较大比例。

王玲[67]在企业调研的基础上，运用广义运输成本(generalized transport cost，GTC)模型研究单次往返行程的公路运输成本。研究表明，燃油费、道路通行费与人工费是我国公路运输成本的重要组成部分。近年来，公路运输成本大幅增长，但公路货运企业难以转嫁上涨的成本，导致其合理利润受到严重挤压。应对的对策包括建立公路货物运价和油价的联动机制；清理收费公路的违规及不合理收费；大力发展协同运输，提高回程装载率；加强公路运输车辆和司机的动态监管等。

叶忠慧[68]分析了我国公路货运市场多、小、散、弱，货运超载现象严重，运输成本高，运输效益低的特点。从公路运输的经济载重能力(10～40t)出发，提出发展大型化公路货运，从减少驾驶员工资开支、减少燃油消耗、降低高速公路通行费等方面降低运输成本，提高货运企业经济效益的建议。

高波[69]从普通道路使用者的角度出发，以用户运输成本节约程度作为主要衡量标准，并以宜昌—万州高速公路出行为例，引用广义费用模型最终确定公路收费标准的合理范围。该计算方法具备较强的可操作性，为相关人员进行公路收费标准制定或者评估已有收费标准的合理性等提供了参考。

1.4　研究内容和方法

1.4.1　研究内容

(1)超高速公路。在研究公路、高速公路定义和分级的基础上，给出超高速公路的定义和分级，并对超高速公路驾驶车辆特性、驾乘人员特性和道路特性进行分析，对各级超高速公路的通行能力分别进行计算。

(2)超高速公路交通安全性论证。研究国内外交通安全概况和影响交通安全的因素。从提高人的安全意识、汽车技术保障和道路技术保障三方面对超高速公路交通安全性进行论证。

(3)超高速公路安全线形设计理论。研究公路平面线形、纵断面线形及横断面线形对交通安全的影响。在普通高速公路线形设计理论的基础上，参考铁路线形设计理论，对超高速公路平面线形、纵断面线形及横断面线形安全设计理论进行深入研究。超高速公路平面线形安全设计理论研究内容包括平面线形构成、直线长度限制、圆曲线半径确定和缓和曲线长度确定等；纵断面线形设计理论研究内容包括纵坡度限制、纵坡长限制和竖曲线参数确定；横断面设计理论研究内容包括横断面组成和直线路段车道宽度等。

(4)汽车燃油经济性评价。汽车燃油经济性研究的内容包括燃油经济性评价参数指标、燃油消耗方程及经济特性曲线、燃油经济性的改善和测定方法、燃油消耗图等。用高速公路实车试验取得的和“易车测试”网提供的实车油耗试验数据，通过SPSS软件对120km/h以上超高速公路燃油消耗量进行预测。

(5)超高速公路经济性评价。在分析高速公路和高速铁路造价的基础上，对超高速公路造价进行估算，并以此为依据，参照普通高速公路投资建设成本和通行费收取标准，估算各级超高速公路通行费标准。根据估算得到的超高速公路通行费收取标准和燃油消耗费用计算使用超高速公路的单车成本和单人成本。在公路客运、铁路客运和民航票价分析的基础上，计算以上几种出行方式的每公里单人成本，并与超高速公路每公里单人成本进行比较。

1.4.2　研究方法

本书采用试验分析法、软件仿真法和试验模拟法进行研究。

(1)试验分析法。通过试验验证道路路面附着系数，作为计算确定超高速公路平曲线半径和弯道超高的依据；通过试验计算验证不同速度条件下车辆的制动距离以及制动距离的分布，作为计算确定各级超高速公路服务水平及对应通行能力的依据。

利用 D-Lab 心理、行为研究系统对驾驶员的心理状态和驾驶行为进行研究。该系统包括眼动追踪子系统(Dikablis)、行为记录分析子系统(D-Lab Video4)、生理指标检测子系统(D-Lab Physio)。该系统可以实时记录、监测高速驾驶时驾驶员的视点位置，观测主要兴趣点的时间和次数，同时还可以通过监测和记录肌肉、皮肤、脑电波等对驾驶员的操作过程进行研究。

用汽车诊断检测工具(ELM327)或汽车解码器(X431)实时监测燃油系统状态、短期燃油修正车速、长期燃油修正车速等参数，对汽车经济油耗等进行研究。

(2) 软件仿真法。超高速公路设计速度为 120～180km/h，实车试验不仅非常危险，而且严重违法。采用交通仿真的方法，不需要真实汽车上路，可以减少大量的试验，避免超高速公路交通系统中的某些危险情况或灾难性后果，交通仿真还能够重复提供相同的道路条件，从而可以避免因多次试验条件不同而产生的误差。Vissim 和 Transmodeler 交通仿真软件，可以通过改变车辆加减速性能和平均车速等参数，模拟车速 120～180km/h、不同交通量时的交通流状态，用来研究超高速公路服务水平和对应的通行能力。

此外，运用交通仿真软件对道路和智能车辆进行建模，利用理论计算数据对不同道路条件和智能车辆技术条件下高速公路的运行情况进行仿真，对智能车路系统的安全性和舒适性进行评价。

(3) 实验室模拟法。利用模拟驾驶系统模拟不同的驾驶环境和速度，检验人体的视觉、听觉和体感对速度的适应情况。同时利用模拟驾驶系统研究车速为 120～180km/h 时驾驶员的生理和心理特性，检测不同车速下驾驶员的视距和视野范围，减少实车试验的危险，降低试验成本。

根据对自动驾驶智能车辆性能和发展趋势的研究，预测未来若干年道路能够适应的行驶车速。通过理论计算、软件仿真和试验模拟，对不同车速情况下道路的舒适性、安全性和经济性进行综合评价。

1.5 技术路线

本书在阐述超高速公路研究的背景、目的和意义的基础上，分析我国高速公路和汽车技术的发展趋势，给出超高速公路的定义，并对超高速公路进行分级，对超高速公路进入工程实践的可行性和必要性进行分析论证。

本书研究的技术路线如图 1.1 所示。

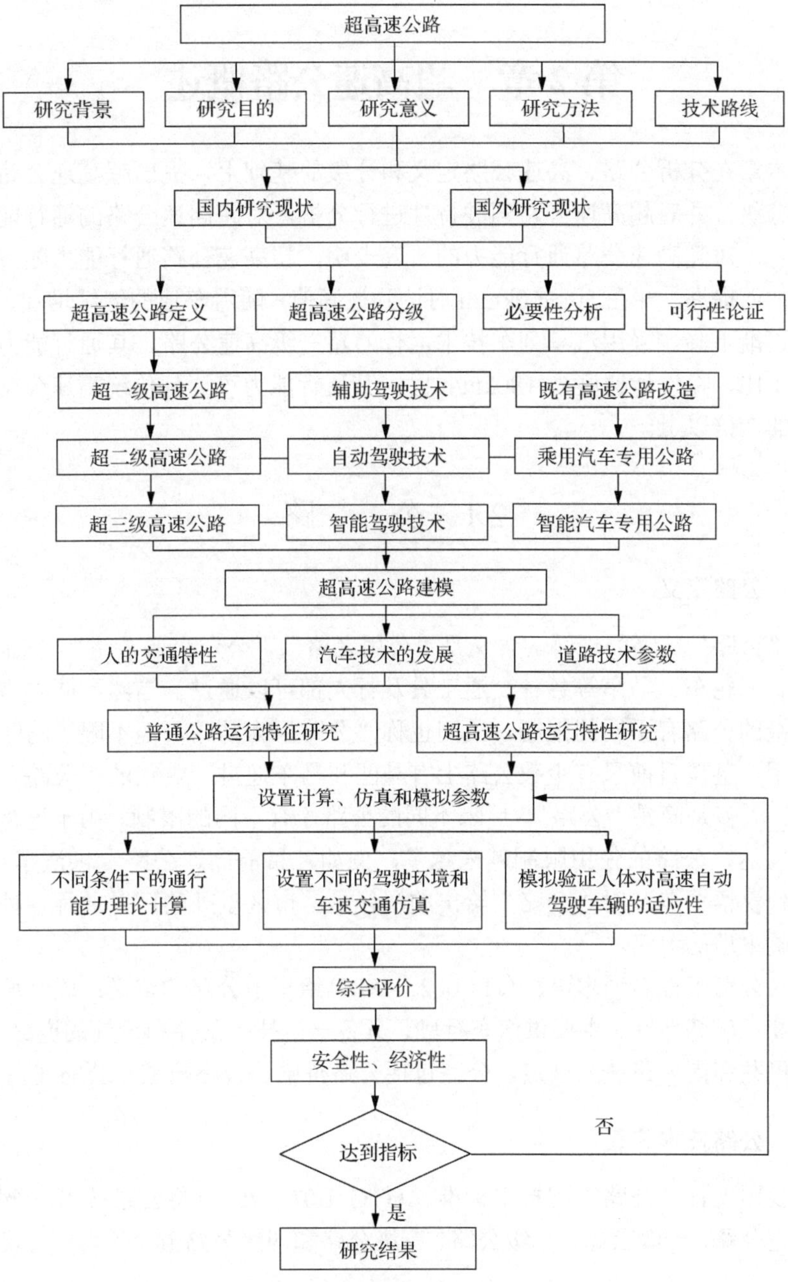

图 1.1　本书研究的技术路线

第 2 章　超高速公路概述

本章在分析公路、高速公路定义和分级的基础上，提出超高速公路的定义和分级，并对超高速公路驾驶特性进行分析，对超高速公路的通行能力进行计算。对超高速公路通行能力的研究表明，超高速公路通行能力随着车速的增加而提高，并在 50～60km/h 时达到最高值，随着车速的继续增加，通行能力逐渐下降。采用汽车列车技术运行的超三级高速公路，其通行能力与车速成正比，在设计速度为 180km/h 时，其通行能力可达到传统高速公路通行能力的 7 倍以上。

2.1　公　　路

2.1.1　公路定义

“公路”从字面理解的含义是“公用之路”、“公众交通之路”，汽车、自行车、三轮车、马车等各种交通工具及行人都可以通过，当然不同类型、不同等级的公路有不同的限制。民间也称“公路”为马路，但不限于马匹、马车专用，甚至目前只有少数公路上有马匹和马车通过。古代的“公路”没有限制，大多是简易“公路”，后来不同的公路才有不同的限制。由于道路交通日益发达，公路的使用限制越来越多，例如，目前高速公路专供汽车行驶。《现代汉语词典》对“公路”给出的解释是：市区以外的可以通行各种车辆的宽阔平坦的道路。

《公路工程名词术语》(JTJ 002—1987)给出了公路的定义：联结城市、乡村和工矿基地等，主要供汽车行驶、具备一定技术条件和设施的道路。《中华人民共和国公路法》规定，公路包括公路桥梁、公路隧道和公路渡口。

2.1.2　公路技术等级

我国现行《公路工程技术标准》(JTG B01—2014)将公路技术等级[70]分为高速公路、一级公路、二级公路、三级公路和四级公路五个等级，见表 2.1。

表 2.1　公路技术等级　（单位：pcu/d）

公路等级	特点	适应交通量
高速公路	专供汽车分方向、分车道行驶，全部控制出入的多车道公路	>15000
一级公路	供汽车分方向、分车道行驶，可根据需要控制出入的多车道公路	>15000
二级公路	供汽车行驶的双车道公路	500～15000
三级公路	供汽车、非汽车交通混合行驶的双车道公路	2000～6000
四级公路	供汽车、非汽车交通混合行驶的双车道或单车道公路	<2000(双)；<400(单)

2.1.3　公路行政等级

《中华人民共和国公路法》规定，公路按其在公路路网中的地位分为国道、省道、县道和乡道，但部分地方法规将村道也列入公路行政等级。

国道，是指具有全国性政治、经济意义的主要干线公路，包括重要的国际公路，国防公路，联结首都与各省、自治区首府和直辖市的公路，联结各大经济中心、港站枢纽、商品生产基地和战略要地的公路。

省道，是指具有全省(自治区、直辖市)政治、经济意义，联结省内中心城市和主要经济区的公路以及不属于国道的省际的重要公路。

县道，是指具有全县(旗、县级市)政治、经济意义，联结县城和县内主要乡(镇)、主要商品生产和集散地的公路，以及不属于国道、省道的县际间的公路。

乡道，是指主要为乡(镇)内部经济、文化、行政服务的公路，以及不属于县道以上公路的乡与乡之间及乡与外部联络的公路。

村道，是指直接为农民群众生产、生活服务，不属于乡道及乡道以上公路的建制村与建制村之间及建制村与外部联络的主要公路，包括建制村之间的主要连接线，建制村与乡道及乡道以上公路的主要连接线，建制村所辖区域内已建成通车并达到四级及四级以上技术等级的公路。

2.1.4　公路设计速度

设计速度是指在良好的气候、交通条件下，一般驾驶员在路段上能保持安全、舒适行驶的最大车速，即汽车运行只受道路条件本身的影响时，中等驾驶技术的驾驶员能保持安全顺适行驶的最大行驶速度。设计速度是进行平曲线半径、纵坡、视距等道路几何设计的重要依据[71]。

《公路工程技术标准》(JTG B01—2014)设计速度见表 2.2。

表 2.2 《公路工程技术标准》(JTG B01—2014)设计速度

公路等级	高速公路			一级公路			二级公路		三级公路		四级公路	
设计速度/(km/h)	120	100	80	100	80	60	80	60	40	30	30	20

2.1.5 公路设计标准的变迁

交通部于 1951 年 9 月颁布了中华人民共和国首部公路工程相关技术标准，即《公路工程设计准则(草案)》。此后，在长达 60 余年的时间里，我国公路工程设计技术标准进行了 8 次修订。公路工程设计技术标准颁布及修订时间见表 2.3。2014 年 9 月 30 日，交通运输部颁布实施了修订后的《公路工程技术标准》(JTG B01—2014)，该标准是目前最新的公路工程技术标准。

表 2.3 公路工程设计技术标准颁布及修订时间

序号	标准名称	年份(编号)
1	《公路工程设计准则(草案)》	1951
2	《公路工程设计准则(草案)》	1954
3	《公路工程设计准则(修订草案)》	1956
4	《公路工程技术标准(试行)》	1972
5	《公路工程技术标准》	JTJ 01—1981
6	《公路工程技术标准》	JTJ 01—1988
7	《公路工程技术标准》	JTJ 001—1997
8	《公路工程技术标准》	JTG B01—2003
9	《公路工程技术标准》	JTG B01—2014

历次公路工程技术标准的修订均是设计方法和设计参数的优化，体现了我国公路建设的进步。本书将技术标准中涉及公路等级划分、设计速度和高速公路的具有代表性版本的主要内容介绍如下：

1)《公路工程设计准则(草案)》主要内容

根据《公路工程设计准则(草案)》，技术等级分为Ⅰ～Ⅵ共 6 级。计算行车速度为 120～25km/h，第Ⅰ级最高计算行车速度为 120km/h。这是截至目前能查证的、最早的我国最高计算行车速度为 120km/h 的依据。《公路工程设计准则(草案)》规定的公路主要设计参数见表 2.4。

表 2.4　《公路工程设计准则(草案)》设计参数

技术指标	单位	技术等级						
		Ⅰ	Ⅱ	Ⅲ	Ⅳ	Ⅴ	Ⅵ	
							甲	乙
计算行车速度	km/h	120	100	80	60	40	25	25
车道数	个	4	2	2	2	2	2	1
每车道宽度	m	3.5	3.5	3.5	3.5	3.5	3.0	—
路面宽度	m	2×7	7	7	7	7	6	3.0～4.5
路基宽度	m	≥23	12	11	10	9	8	4.5～6.5
平曲线最小半径	m	600	400	250	125	50	20	15
停车视距	m	150	125	100	75	50	35	25
会车视距	m	—	250	210	150	100	70	—
最大纵坡	%	3	4	4	4	5	5	5
		—	—	5	6	7	8	8

2)《公路工程技术标准(试行)》主要内容

1972 年，交通部颁布了《公路工程技术标准(试行)》。首次正式确定了“公路工程技术标准”的名称，以后虽然经历多次修订，但标准名称始终未变，仅修改了标准编号和年份。《公路工程技术标准(试行)》将公路技术等级划分为四级，一级公路最高计算行车速度为 120km/h，其他等级公路按地形分别设置了两种最高计算行车速度[72]。《公路工程技术标准(试行)》计算行车速度见表 2.5。

表 2.5　《公路工程技术标准(试行)》计算行车速度

公路等级	一	二		三		四	
		平原微丘	山岭重丘	平原微丘	山岭重丘	平原微丘	山岭重丘
计算行车速度/(km/h)	120	80	40	60	30	40	20

注：表内的计算行车速度，除一级公路系指小轿车的速度外，二、三、四级公路均为载重汽车的速度。

3)《公路工程技术标准》(JTJ 01—1988)主要内容

1988 年，交通部首次发布了包含高速公路的《公路工程技术标准》(JTJ 01—1988)，并在 1994 年修订时根据交通量、使用任务和性质将公路划分为汽车专用公路和一般公路，并将高速公路的计算行车速度增加了两个档次[73]。《公路工程技术标准》(JTJ 01—1988)中规定的计算行车速度见表 2.6 和表 2.7。

表 2.6　汽车专用公路计算行车速度

公路等级	高速公路			一		二	
	平原微丘	重丘	山岭	平原微丘	山岭重丘	平原微丘	山岭重丘
计算行车速度/(km/h)	120	100	80　60	100	60	80	40

表 2.7　一般公路计算行车速度

公路等级	二		三		四	
	平原微丘	山岭重丘	平原微丘	山岭重丘	平原微丘	山岭重丘
计算行车速度/(km/h)	80	40	60	30	40	20

(1)汽车专用公路。

高速公路：一般能适应按各种汽车(包括摩托车)折合成小客车的年平均昼夜交通量为25000pcu以上，为具有特别重要的政治、经济意义，专供汽车分向、分道高速行驶并全部控制出入的公路。

一级公路：一般能适应按各种汽车(包括摩托车)折合成小客车的年平均昼夜交通量为10000～25000pcu，为连接重要的政治、经济中心，通往重点工矿区、港口、机场，专供汽车分道行驶并部分控制出入的公路。

二级公路：一般能适应按各种汽车(包括摩托车)折合成中型载重汽车的年平均昼夜交通量为2000～7000pcu，为连接重要的政治、经济中心或大工矿区、港口、机场等地的专供汽车行驶的公路。

(2)一般公路。

二级公路：一般能适应按各种车辆折合成中型载重汽车的年平均昼夜交通量为2000～5000pcu，为连接政治、经济中心或大工矿区、港口、机场等地的公路。

三级公路：一般能适应按各种车辆折合成中型载重汽车的年平均昼夜交通量为1000～4000pcu的公路。

四级公路：一般能适应按各种车辆折合成中型载重汽车的年平均昼夜交通量双车道200pcu以下，为沟通县、乡(镇)、村等的公路。

2.2　高速公路

2.2.1　高速公路定义

交通运输部《公路工程技术标准》(JTG B01—2014)规定，高速公路为专供汽车分方向、分车道行驶，全部控制出入的多车道公路。高速公路的年平均日设计交通量宜在 15000pcu 以上。世界各国虽然对高速公路的定义不同，但大部分专指有 4 条车道以上、具有中央分隔带、完全控制进出口、全部采用立体交叉的高等级公路，也有小部分国家称部分控制出入口、部分采用立体交叉的直达主要公路为高速公路。国际道路联合会等国际组织在历年的统计公报中将直达干线公路也列入高速公路范畴。

一般来说，高速公路路面具有双向 4～8 条车道，路基宽度因车道数和设计速度不同而不同，取值范围为 24.5～45.0m。高速公路须设置 1～3m 的中央分隔带，将双向车流分离。高速公路应用沥青混凝土或水泥混凝土高等级路面，设置功能齐全的交通标志、标线、信号和照明装置；高速公路禁止行人和非机动车进入，与其他线路采用上跨式或下穿式立体交叉。从高速公路的定义可以看出，高速公路应符合下列 5 个基本条件：

(1) 全立交。与其他线路相交，全部为立体交叉口。

(2) 全封闭。全线封闭，汽车只能通过高速公路进出口匝道出入高速公路。

(3) 全机动。专供汽车高速行驶，行人及非机动车禁止进入。

(4) 全分离。由中央分隔带分离双向交通流。

(5) 多车道。高速公路双向车道数一般为 4 条、6 条和 8 条。

2.2.2　国外高速公路的发展

高速公路是经济和社会发展的必然结果，部分发达国家从 1930 年开始修建高速公路，1960 年至今世界各国高速公路发展迅速。

美国曾经长时间占据世界高速公路里程排行榜首位，直至 2012 年底第一次被中国超越。美国从 20 世纪 50 年代中期开始规划建设高速公路，1956 年美国国会通过了《州际和国防高速公路网规划》法案。规划建设连通所有 5 万人以上的大中城市，为全国服务的约 6.8 万 km 的高速公路网。该计划完成于 80 年代末，一共修建高速公路 8.6 万 km，大约占当时全世界高速公路总里程的 50%。其中，54 条州际高速公路构成了横贯东西、纵贯南北的公路主骨架，共计里程达到 6.44 万 km。截至 2015 年底，美国高速公路总里程已超过 10 万 km，排名世界第二[74]。

加拿大从 1967 年才开始规划建设高速公路，虽然起步较晚，但是发展速度较快。截至 2015 年底，加拿大已经修建了 18570km 的高速公路。加拿大高速公路总里程仅次于中国和美国，排名世界第三[75]。

德国是建设高速公路最早的国家，1932 年，建成了世界第一条高速公路，即波恩至科隆的高速公路。1933～1939 年，德国陆续建成高等级高速公路 3440km，到 1945 年，德国高速公路里程已增至 4000km。1990 年，民主德国和联邦德国统一后，德国制定了 1991～2010 年州际高速公路发展规划，规划期限内新建高速公路 2313km，改扩建高速公路 2380km。该规划实施后，德国所有 5 万人以上的城市全部通了高速公路，大约 90%的 5 万人以下城市也通了高速公路，欧洲最庞大的高速公路网已经初步形成。截至 2015 年底，德国高速公路总里程达 12800km，排名世界第四[76]。

法国 1994 年制定了 15 年的高速公路建设规划，规划 1995～2010 年，新建高速公路 4300km，使高速公路总里程达到 1.2 万 km。截至 2015 年底，法国高速公路总里程达到 7700 多 km，排名世界第五[77]。

意大利也是修建高速公路最早的国家之一，真正大规模修建高速公路是在 1955～1970 年。到 1992 年，意大利高速公路通车总里程已超过 6300km，不过近些年发展放缓，截至 2015 年底，意大利高速公路总里程仅 6957km[78]。

英国高速公路建设始于 1958 年，但是建设速度缓慢，其速度与规模均大大落后于其他发达国家。主要原因是建设资金的缺乏，虽然英国在 1910 年设立了道路建设资金，其来源主要是汽油税和燃料税，但于 1955 年废除了这项制度，采用一般年度财政拨款来取代，从而导致高速公路发展缓慢。截至 2015 年底，英国高速公路通车总里程仅 3803km[79]。

日本高速公路兴建于 20 世纪 60 年代初，起步虽晚，但发展比英国稍快。截至 1996 年底，日本已修建了 6114km 的高速公路。1977 年，日本计划 20 世纪末要修建 7600km 的高速公路，以实现“一日之国”的夙愿。1998～2015 年，建成 14000km 的高速公路，其主导思想是加强 10 万人以上中心城市的联络，强化东京、名古屋和京阪神三个城市环行和绕行高速公路。可是事与愿违，截至 2017 年底，日本高速公路总里程也只有 7800km[80]。

除上述国家之外，世界上还有许多国家，如西班牙、墨西哥、沙特阿拉伯、葡萄牙、智利、荷兰、韩国、土耳其等也修建了大量的高速公路，高速公路总里程均超过 2000km。

2.2.3 我国高速公路的发展

我国高速公路的建设比西方发达国家晚近四十年的时间。1971 年 8 月，我国台湾省的中山高速公路开工建设，并于 1978 年 10 月全线通车。1984 年 12 月，上海市祁连山路至嘉定南门的沪嘉高速公路开工建设，1988 年 10 月通车。1990 年 8 月，被称为“神州第一路”的沈大(沈阳至大连)高速公路全线建成通车，标志着我国高速公路发展进入全新的时代；1993 年，京津塘高速公路建成通车，我国从此拥有了首条利用世界银行贷款建设的、跨省市的高速公路。1992 年，交通部制定了“五纵七横”国道主干线规划，并集中力量、突出重点付诸实施，全面加快了高速公路的发展步伐，从而为我国高速公路的快速、持续、健康发展奠定了坚实基础。截至 2019 年底，我国高速公路通车总里程达到 14.96 万 km，自 2012 年超越美国以来，一直高居世界高速公路总里程排行榜首位。

2.3　超高速公路

2.3.1　超高速公路定义

目前超高速公路尚没有公认的定义，国外将设计速度超过 120km/h 的高速公路视为普通高速公路，国内仅有本书作者于 2016 年 1 月在《公路》发表的《超高速公路发展可行性论证与必要性研究》中给出了超高速公路的定义：设计速度超过 120km/h 的高速公路，超高速公路也属于高速公路，它采用比《公路工程技术标准》(JTG B01—2014)更高的技术指标。

世界各国高速公路最高限速一般依照高速公路的设计速度确定，大多在 130km/h 以下，我国普通高速公路设计速度为 120km/h。因此，为了强调超高速公路的基本特征，结合以往研究的定义，本书将超高速公路定义修正为：超高速公路为专供汽车分方向、分车道行驶，全部控制出入，设计速度超过 120km/h 的多车道高速公路。超高速公路也属于高速公路，具有普通高速公路的基本特征，满足高速公路的基本条件，采用比《公路工程技术标准》(JTG B01—2014)更高的技术指标。

2.3.2　超高速公路等级划分

根据公路的使用功能、设计速度以及超高速公路定义，本书将公路分为高速公路和普通公路，高速公路又分为超高速公路和普通高速公路。其中，普通高速公路和普通公路分别对应《公路工程技术标准》(JTG B01—2014)中的高速公路和一、二、三、四级公路，设计速度保持不变，超高速公路根据设计速度分为超一级、超二级和超三级高速公路。

因此，根据以上论述，新公路等级划分和对应的设计速度以及新高速公路等级划分和对应的设计速度分别见表 2.8 和表 2.9。

表 2.8　新公路等级划分和对应的设计速度

公路等级	高速公路				普通公路								
	超高速公路	普通高速公路			一			二		三		四	
设计速度/(km/h)	＞120	120	100	80	100	80	60	80	60	40	30	30	20

表 2.9　新高速公路等级划分和对应的设计速度

高速公路等级	超高速公路									普通高速公路		
	超三级			超二级			超一级					
设计速度/(km/h)	180	160	140	160	140	120	140	120	100	120	100	80

2.3.3　超高速公路驾驶特性

1. 超一级高速公路

1) 设计速度

超一级高速公路最高设计速度为 140km/h，当受地形条件限制时，可选用 120km/h 的设计速度，在山岭重丘施工困难路段，经专家技术经济论证，允许采用 100km/h 的设计速度。

2) 道路技术条件

超一级高速公路设计速度高于普通高速公路，因此其行车道宽度、中央分隔带宽度、路肩宽度、停车与超车视距、平曲线最小半径、平曲线加宽、最大纵坡坡度和坡长等指标均需要调整。1993～2007 年，全国铁路进行了六次大范围提速，全国列车平均运行速度从 48.1km/h 提高到 70.18km/h，积累了丰富的经验。因此，超一级高速公路建设可以借鉴我国铁路提速的经验，在广大平原地区已有高速公路的基础上，裁弯取直，扩大平曲线半径；削高填低，降低纵坡，从而降低超一级高速公路建设成本。

我国平原地区普通高速公路平曲线半径和纵坡坡度大部分能够满足 140km/h 设计速度的要求，仅需进行少量改造，通过设置车速指导系统等智能交通设施，即可升级为超一级高速公路，因此平原地区普通高速公路改造为超一级高速公路潜力巨大[81]。

3) 车辆技术条件

目前道路上行驶的绝大多数乘用汽车最高设计速度高于超一级高速公路设计速度 140km/h，见表 1.4。并且防抱死制动系统(anti-lock braking system，ABS)、动态稳定控制(dynamic stability control，DSC)系统、紧急制动辅助

(emergency brake assist，EBA)系统、电子制动力分配(electronic brake force distribution，EBD)系统、牵引力控制系统(traction control system，TCS)和定速巡航系统(cruise control system，CCS)等的普遍使用，使汽车的安全性能大大提升。此外，汽车导航功能已得到广泛应用，驾驶员能够提前预知道路线形，做好操作准备，为安全驾驶提供了保障。因此，目前道路上行驶的中高级乘用汽车大多能够满足超一级高速公路行驶条件。

4) 预计实施时间

车辆技术条件现状分析结合车辆技术发展趋势预测结果表明，只要有适合技术标准的道路条件，超一级高速公路即可实施。预计 15 年内我国将有首条超一级高速公路问世。因此需要尽快启动超一级高速公路运行特性的研究和技术标准的制定。

2. 超二级高速公路

1) 设计速度

超二级高速公路最高设计速度为 160km/h，当受地形条件限制时，可选用 140km/h 的设计速度，在山岭重丘施工困难路段，经专家技术经济论证，允许采用 120km/h 的设计速度。

2) 道路技术条件

超二级高速公路平面线形、纵断面线形和横断面线形等技术指标在超一级高速公路的基础上进一步提高，通过对已有高速公路改造实现的可能性不大。20 年来，我国经历了大规模的高速铁路建设，截至 2019 年底，我国高速铁路运营总里程达到 3.5 万 km，高速铁路的建设是超高速公路建设的最好启发。因此超二级高速公路的建设可考虑借鉴高速铁路建设的经验，建设乘用汽车专用高速公路，仅供符合车辆技术条件的车辆行驶。

乘用汽车专用高速公路除了平面线性、纵断面线形、横断面线形设计参数与超一级高速公路相比有明显提高外，还将广泛使用人车路协同技术，人车路协同技术通过出行者、智能车载单元和智能路侧单元之间实时、高效和双向的信息交互，有效地提升道路交通系统的安全性和通行效率。目前已有成熟的车道保持技术，可通过图像识别等方法判断车道标线的位置，保持车辆行驶在行车道的中央[82]。

3) 车辆技术条件

超二级高速公路最高设计速度为 160km/h，目前所有乘用小汽车均能够轻易达到。随着汽车技术的发展，汽车的最高设计速度记录也在不断被刷新，布加迪威龙(Bugatti Veyron 16.4)最高设计速度已达到400km/h，极限速度甚至曾经达到407km/h。因此，根据汽车技术发展趋势预测，30年内中高级乘用汽车最高设计速度和运行速度限制，一定不会成为超二级高速公路发展的障碍。

此外，世界各国正在积极研发的车间通信技术、自动驾驶技术已逐步成熟，将为汽车行驶安全性提供更加可靠的保障。

车间通信技术以基于美国GPS、俄罗斯GLONASS和中国北斗等的全球定位系统和Wi-Fi、移动4G等无线网络技术为依托，在两辆车或多辆车之间以特定的频率进行通信，在无线网络中形成特定的车辆群。当两辆车或多辆车建立车辆群后，各车间可以共享相互的参数信息，如各车的相对位置、速度、巡航轨迹、目的地等。后面的车辆可以将车辆委托给前车，使其以相同的速度、稳定的安全间距跟随前车。

自动驾驶汽车依靠人工智能系统、图像处理系统、雷达探测系统、全球定位系统和各种传感器协同工作，通过汽车电子控制单元(electronic control unit，ECU)在没有任何人为主动干预的情况下，实现汽车自主安全地操作，能够有效避免酒后驾驶、疲劳驾驶引起的错误操作，大大提高了汽车行驶的安全性。目前自动驾驶技术已趋于成熟，市场上已有多款自动驾驶汽车出售。例如，瑞典沃尔沃公司自动驾驶汽车的研发已经进入高度自动驾驶的阶段，首款具有高度自动驾驶功能的汽车XC90于2014年9月开始量产；美国谷歌公司于2012年5月取得内华达州机动车管理局颁发的第一个自动驾驶汽车牌照。自动驾驶汽车的出现，为超高速公路安全驾驶提供了有效保障，这将极大促进超高速公路的发展。

4)预计实施时间

从我国铁路第一次大规模提速改造到第一条高速铁路通车仅用了15年左右。根据目前汽车技术和社会经济发展的趋势可以预计，从第一条改造形成的超一级高速公路通车，到第一条超二级高速公路投入运营也需要大概15年。因此可以预测，随着自动驾驶技术的发展和道路施工技术的进步，第一条超二级高速公路将有望在30年内投入使用。

3. 超三级高速公路

1)设计速度

超三级高速公路最高设计速度为180km/h，当受地形条件限制时，可选用 160km/h 的设计速度，在山岭重丘施工困难路段，经专家技术经济论证，允许采用 140km/h 的设计速度。

2) 道路技术条件

超三级高速公路平面线形将参考高速铁路设计标准，采用超大半径平曲线、极其平缓的纵坡度以及超长的停车视距和超车视距。超三级高速公路是服务于自动驾驶智能汽车的专用公路，在路面和路侧安装大量传感器，与智能车辆实现高频率通信，形成更加可靠的虚拟导轨，车辆将沿虚拟导轨高速行驶。目前已有超高速公路虚拟轨道技术，该技术用智能路钮系统存储超高速公路参数，汽车沿智能路钮存储的超高速公路参数生成的虚拟轨道行驶。或用沿车道中心线的线性天线发射无线电波，汽车沿无线电波形成的虚拟轨道行驶。虚拟轨道将智能汽车限制在车道中心线附近行驶，使其像火车沿真实轨道行驶一样，从而保证汽车高速行驶的安全性。

3) 车辆技术条件

超三级高速公路最高设计速度为 180km/h，目前所有中高级乘用小汽车均能够轻易达到。随着涡轮增压技术、缸内直喷技术、氢燃料电池技术等新技术的普遍使用，汽车发动机最大功率和燃油经济性也将大幅提高，汽车的最高设计速度也将继续不断突破。

同时安装航空发动机的汽车也在试验中取得巨大进步。早在 2006 年，英国科学与创新大臣 Drayson 就提出了超音速汽车研究计划，并制造出了寻血猎犬(Bloodhound) 超高速汽车。Bloodhound 采用劳斯莱斯的航空发动机，达到了最高 1610km/h 的极限速度。此前，英国皇家空军飞行员 Green 驾驶世界上首辆采用战斗机涡轮引擎作为发动机的超音速汽车(名为：推进号)，实现了 1200km/h 的极限速度。

另外，根据自动驾驶技术的研究和发展趋势，自动驾驶汽车将在未来数十年取得巨大成功，实现高度智能化。届时乘坐汽车出行可选择人工驾驶模式或者自动驾驶模式。如果采用自动驾驶模式，只需要语音控制或简单触屏操作，输入起点和终点即可安全达到。

4) 预计实施时间

超三级高速公路的发展不仅取决于汽车技术的发展，还取决于超一级高速公路和超二级高速公路的发展情况，因此存在诸多不确定性。美国穆迪投资者服务公司于 2016 年 3 月 29 日发布了关于无人驾驶汽车的研究报告。报告预测，到 2030 年，搭载全自动或无人驾驶技术的汽车将会成为美国购车人最多的选择；到 2035 年，自动驾驶技术或无人驾驶技术将成为所有新车的标配。据此可以预测，我国超三级高速公路在 40～50 年内投入使用具有较高的可能性。

4. 各级超高速公路比较

通过以上分析论证，各级超高速公路服务车辆、建设方式和预计实施年限比较见表 2.10。

表 2.10　各级超高速公路比较

超高速公路	服务对象	建设方式	实施年限
超一级	普通客货	既有高速提速改造	15 年
超二级	乘用汽车专用	参照铁路动车线路新建	30 年
超三级	自动驾驶汽车专用	参照高速铁路线路新建	40～50 年

2.3.4　超高速公路通行能力

1. 计算方法

超高速公路一条车道的通行能力，可根据式(2.1)，利用设计速度 V 和最小车头间距 h_s 计算得到。

$$C=1000\frac{V}{h_s} \tag{2.1}$$

式中：C 为通行能力，pcu/h；V 为设计速度，km/h；h_s 为最小车头间距，m。

2. 参数确定

最小车头间距一般要求必须满足大于紧急情况下的停车视距和车辆长度之和。停车视距由三部分组成：驾驶员反应时间内车辆行驶的距离 S_1、从汽车开始制动到汽车完全停止所行驶的距离 S_2(制动距离)，以及车辆间最小安全距离 S_0(一般取 5～10m)。

$$h_s = S_t + L = S_1 + S_2 + S_0 + L = vt + \frac{v^2}{254(u \pm i)} + S_0 + L \tag{2.2}$$

式中：h_s 为最小车头间距，m；S_t 为停车视距，m；L 为车辆长度，m；v 为行驶速度，km/h；t 为驾驶员知觉反应时间，s；u 为路面与轮胎之间的纵向附着系数；i 为道路纵坡坡度，%。

1) 反应时间和行驶距离

超高速公路设计速度较高，驾驶员注意力随设计速度的提高而更加集中，反应更为迅速，结合以上对超高速公路驾驶特性的分析，超高速公路驾驶员反应时间及相应的行驶距离见表 2.11。

表 2.11　超高速公路驾驶员反应时间及相应的行驶距离

超高速公路	设计速度/(km/h)	反应时间/s	行驶距离/m
超一级	140	1.5	58.33
超二级	160	1.0	44.44
超三级	180	0	0

注：超三级公路为自动驾驶汽车专用公路，反应时间忽略不计。

2) 车辆制动距离

车辆制动距离的长短与汽车的行驶速度、制动力、附着系数均有关，而附着系数因轮胎花纹、路面类型、制动性能等条件不同而异。《典型交通事故形态车辆行驶速度技术鉴定》(GA/T 643—2006)，给出了不同路面状况和车速情况下的路面附着系数取值范围参考值，见表 2.12。假设在新建沥青路面上，超高速公路[83]上车辆行驶速度均大于 48km/h 时，附着系数取参考值范围的中间值 0.65。并假设车辆行驶在水平路段上，此时 i=0，则由 $S_2=\frac{v^2}{254(u\pm i)}$ 计算得到的车辆制动距离见表 2.13。

表 2.12　不同路面状况和车速的路面附着系数取值范围参考值

路面状况	干燥		潮湿	
	48km/h 以下	48km/h 以上	48km/h 以下	48km/h 以上
新建沥青路面	0.8～1.0	0.6～0.7	0.5～0.8	0.45～0.75

表 2.13　不同设计速度制动距离

超高速公路	设计速度/(km/h)	附着系数	制动距离/m
超一级	140	0.65	118.72
超二级	160	0.65	155.06
超三级	180	0.65	196.24

3) 最小车头间距

在普通高速公路上行驶时，车辆间最小安全距离 S_0 一般取 5～10m[84]。超高速公路设计速度远比普通高速公路高，因此取最高限 10m。车辆长度 L 按标准小汽车计算，一般取 5m，则根据式(2.2)计算得到的超高速公路最小车头间距见表 2.14。

表 2.14　超高速公路最小车头间距　(单位：m)

超高速公路		S_1	S_2	S_0	L	h_s
超一级		58.33	118.72	10.00	5.00	192.05
超二级		44.44	155.06	10.00	5.00	214.50
超三级	单车	0	196.24	10.00	5.00	211.24
	列车	0	15.00	10.00	5.00	30.00

超三级高速公路服务于高度智能化的无人驾驶小汽车，没有真正意义的驾驶员，汽车完全由计算机操控，反应时间取 0。超高速公路可采用车队一体无人驾驶行车系统，即汽车列车系统，则组成汽车列车的各辆智能汽车的加速、减速、转向和停车均由头车统一控制，其制动距离由各车制动距离之差决定，取 15m。

4) 通行能力计算

根据以上参数的计算分析及式(2.1)，各级超高速公路单条车道最高服务水平时的通行能力计算结果见表 2.15。

表 2.15　超高速公路通行能力

超高速公路		设计速度/(km/h)	h_s /m	通行能力/(pcu/h)
超一级		140	192.05	729
超二级		160	214.50	746
超三级	单车	180	211.24	852
	列车	180	30.00	6000

3. 通行能力分析

根据式(2.1)，超高速公路通行能力与其设计速度和最小车头间距相关，而根据式(2.2)，最小车头间距由设计速度、附着系数等参数决定。按照各级超高速公路通行能力计算参数取值，得到各级超高速公路通行能力曲线如图 2.1 所示。

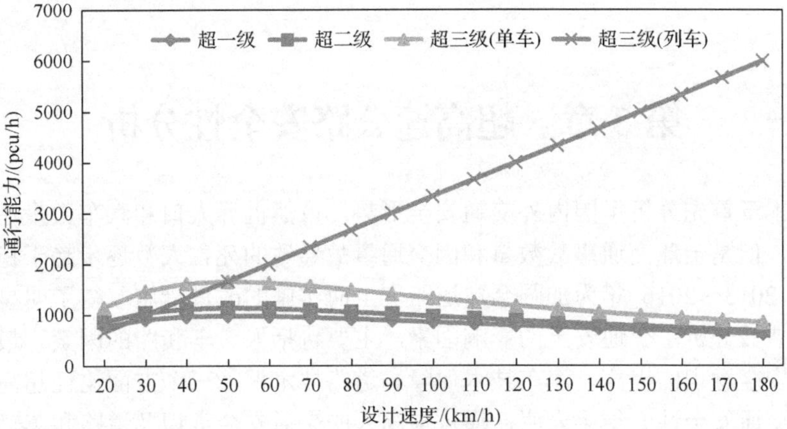

图 2.1　超高速公路通行能力曲线

由图 2.1 可以看出，按照单个车辆计算各级超高速公路通行能力时，通行能力首先随设计速度增加而增大，最大值出现在 50～60km/h。然后随着设计速度的继续提高，通行能力逐步下降。而按照汽车列车方式计算超三级高速公路通行能力时，其通行能力与设计速度成正比，在设计速度为 180km/h 时，通行能力达到 6000pcu/h，是按单个车辆计算时的 7 倍左右。

第 3 章　超高速公路安全性分析

本章首先分析了国内外交通安全形势，虽然世界人口和汽车数量在不断增加，但是全球交通事故数量和因交通事故导致的死亡人数逐步趋于稳定，证明 2013～2016 年为加强全球道路安全而实施的改进措施取得了明显的效果。然后分析了交通安全的影响因素，主要包括人、车和路的因素。最后从人的安全意识的提高、汽车技术保障和道路技术保障三个方面论证超高速公路的交通安全性。结果表明，通过提高人的交通安全意识及道路和车辆的技术标准，超高速公路的安全性能够得到保证。

3.1　交通安全概况

3.1.1　国外道路交通安全概况

2018 年世界卫生组织(World Health Organization，WHO)发布了《全球道路安全现状报告》[85]。该报告指出，世界各国每年累计有 135 万人死于道路交通事故，并且道路交通事故是 5～29 岁年轻人的主要死亡原因。道路交通事故死亡风险与国家收入水平之间存在密切的联系，并且世界不同地区和国家之间的进展差异很大。高收入国家的平均交通事故死亡率为每 10 万人口 8.3 例，而低收入国家每 10 万人口的平均交通事故死亡率为 27.5 例，是高收入国家的 3 倍以上。非洲和东南亚地区道路交通死亡率最高，分别为每 10 万人口 26.6 例和 20.7 例。其次是东地中海和西太平洋区域，其死亡率与全球比率相当，每十万人中分别有 18.0 例和 16.9 例。美洲和欧洲的区域死亡率最低，分别为每 10 万人口 15.6 例和 9.3 例。

2013～2016 年，美洲、欧洲和西太平洋地区在减少道路交通事故死亡方面取得了成功，表明这些地区为加强道路安全而实施的干预措施取得了明显效果。这些有效措施包括：围绕超速、酒驾、不使用安全带和摩托车头盔、儿童约束装置等主要风险完善立法；设立更加安全的道路基础设施，如人行道、自行车道和摩托车道；提高车辆标准；完善道路交通事故后的急救措施。

与 2015 年发布的《全球道路安全现状报告》相比，2018 年发布的《全球道路安全现状报告》新增了 22 个国家修订的针对一个或多个交通安全风险因素的法律。报告还指出有 45 个国家拥有符合最佳做法的酒驾法律；49 个国家拥有关于使用摩托车头盔的法律；105 个国家拥有关于使用安全带的法律；33 个国家拥有关于使用儿童约束系统的法律；114 个国家正在对现有道路进行系统评估或星级评定；超过一半的国家(62%)拥有覆盖全国的电话号码，以便快速启动紧急医疗系统；55%的国家拥有培训和认证院前急救人员的正式程序。2018 年发布的《全球道路安全现状报告》表明，各国应对道路交通安全的态度积极，道路交通安全前景乐观。

3.1.2　国内道路交通安全概况

1. 汽车产量快速增长

据中国汽车工业协会的统计，2018 年我国汽车产量和销量分别为 2780.9 万 veh 和 2808.1 万 veh，再创历史新高，连续 9 年蝉联世界第一。1979～2018 年我国汽车产量见表 3.1。

表 3.1　1979～2018 年我国汽车产量　（单位：万 veh）

年份	产量	年份	产量	年份	产量	年份	产量
1979	18.57	1989	58.69	1999	183.16	2009	1364.48
1980	22.23	1990	50.92	2000	206.82	2010	1826.47
1981	17.56	1991	70.88	2001	234.15	2011	1841.89
1982	19.63	1992	106.17	2002	325.37	2012	1927.18
1983	23.99	1993	129.68	2003	444.35	2013	2211.68
1984	31.64	1994	135.34	2004	507.05	2014	2372.29
1985	44.34	1995	145.27	2005	570.77	2015	2450.33
1986	37.28	1996	147.49	2006	727.97	2016	2811.90
1987	47.25	1997	158.26	2007	888.24	2017	2901.54
1988	64.70	1998	162.90	2008	934.50	2018	2780.90

2. 公路通车里程规模庞大

根据交通运输部发布的《2018 年交通运输行业发展统计公报》，截至 2018 年底，我国公路通车总里程为 484.65 万 km，其中高速公路通车里程 14.25 万 km[86]。我国 1998～2018 年公路通车总里程和高速公路通车里程见表 3.2。

表 3.2　1998～2018 年我国公路通车总里程和高速公路通车总里程（单位：万 km）

年份	公路总里程	高速公路总里程	年份	公路总里程	高速公路总里程	年份	公路总里程	高速公路总里程
1998	127.85	0.87	2005	334.52	4.10	2012	423.75	9.62
1999	135.17	1.16	2006	345.70	4.53	2013	435.60	10.45
2000	167.98	1.63	2007	358.40	5.39	2014	446.40	11.19
2001	169.80	1.94	2008	373.02	6.03	2015	457.73	12.54
2002	176.52	2.51	2009	386.08	6.51	2016	469.63	13.10
2003	181.00	2.97	2010	400.82	7.41	2017	477.35	13.10
2004	187.10	3.43	2011	410.64	8.49	2018	484.65	14.25

3. 交通事故死亡人数逐年下降

在我国汽车刚刚进入百姓家庭时，驾驶员、乘客和行人等交通参与者的交通安全意识普遍较弱，机动车驾驶员、非机动车驾驶员、乘客、行人和交通管理者均存在法律意识淡薄、心存侥幸等问题，因此交通事故频繁发生。近年来，随着人们交通安全意识的提高，我国的交通事故致死人数呈逐年下降的趋势，2002～2014 年我国交通事故死亡人数如图 3.1 所示。

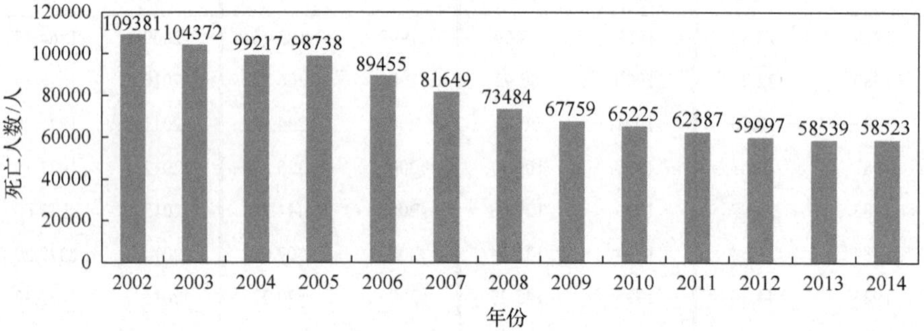

图 3.1　2002～2014 年我国交通事故死亡人数柱状图

由表 3.1、表 3.2 和图 3.1 可见，我国汽车产量、公路通车总里程和高速公路通车总里程均快速增长，特别是汽车产量平均每年以 15% 的速度快速增长，但交通事故导致的死亡人数却在逐渐减少。说明我国道路交通安全水平在不断提高，这也反映了我国道路建设养护水平和汽车安全技术水平在不断提高，交通参与者的交通安全意识也在不断增强。

尽管如此，我国的道路安全状况仍然令人担忧。以 2013 年为例，2013 年我国共发生交通事故 19.84 万起，造成 5.85 万人死亡，21.37 万人受伤，财产损失高达 10.39 亿元。其中，由机动车违法、非机动车违法和行人违法等引起的交通事故分别占交通事故总数的 88.93%、5.77%和 0.99%[87]，见表 3.3。

表 3.3　2013 年我国交通事故统计

事故原因	事故数量/起	死亡人数/人	受伤人数/人	财产损失/元
机动车违法	176432	53221	190683	935961886
非机动车违法	11456	1817	12706	21526115
行人违法	1956	1144	983	1343844
其他原因	8550	2357	9352	68040000
合计	198394	58539	213724	1026871845

数据来源：《道路交通事故统计年报(2013)》。

1)机动车违法

2013 年，全国机动车违法引起的交通事故 176432 起，占事故总数的 88.93%，共造成 53221 人死亡，占死亡总人数的 90.92%。机动车违法主要集中在超速行驶、酒后行驶、逆向行驶、未按规定让行、违反交通信号、占用应急车道、不礼让斑马线等。机动车违法造成的交通事故损失统计数据见表 3.4。

表 3.4　机动车违法造成的交通事故统计数据

违法行为	事故数量		死亡人数		受伤人数		财产损失	
	数量/起	占比/%	数量/人	占比/%	数量/人	占比/%	数量/元	占比/%
超速行驶	6430	3.64	3075	5.78	6336	3.32	41488680	3.30
酒后行驶	4886	2.77	2209	4.15	5021	2.63	30505881	2.43
逆向行驶	7452	4.22	2552	4.79	9866	5.17	45395363	3.61
疲劳驾驶	1271	0.72	677	1.27	1600	0.84	367469811	29.24
违法变道	3891	2.21	745	1.40	4536	2.38	21236731	1.69
违法超车	4598	2.61	1387	2.61	6179	3.24	24849332	1.98
违法倒车	2637	1.49	733	1.38	2002	1.05	8033199	0.64
违法调头	3024	1.71	340	0.64	3492	1.83	10047892	0.80
违法会车	5743	3.26	1610	3.02	7700	4.04	28747371	2.29
违法牵引	45	0.03	24	0.05	41	0.02	177747	0.01
违法抢行	1546	0.88	423	0.79	1523	0.80	5330083	0.42
违法上路	4858	2.75	2241	4.21	4962	2.60	34590521	2.75
违法停车	983	0.56	261	0.49	994	0.52	5332687	0.42
违法占道	4846	2.75	1353	2.54	5000	2.62	20218127	1.61
违法装载	1423	0.81	1112	2.09	1598	0.84	16525878	1.32

续表

违法行为	事故数量		死亡人数		受伤人数		财产损失	
	数量/起	占比/%	数量/人	占比/%	数量/人	占比/%	数量/元	占比/%
违法危货	226	0.13	158	0.30	160	0.08	1314394	0.10
违反信号	4649	2.64	1195	2.24	5722	3.00	16607602	1.32
未让行	29295	16.60	6225	11.69	31254	16.39	86926061	6.92
无证驾驶	14767	8.37	5639	10.59	17095	8.97	40549223	3.23
滥用灯光	289	0.16	97	0.18	235	0.12	1248052	0.10
其他违法	73573	41.70	21174	39.78	75358	39.52	450090081	35.82
小计	176432	100	53230	100	190674	100	1256684716	100

数据来源：《道路交通事故统计年报(2013)》。

2)非机动车违法

2013 年，全国非机动车违法造成的交通事故统计数据见表 3.5。

表 3.5　非机动车违法造成的交通事故统计数据

违法行为	事故数量		死亡人数		受伤人数		财产损失	
	数量/起	占比/%	数量/人	占比/%	数量/人	占比/%	数量/元	占比/%
超速行驶	619	5.40	135	7.43	635	5.00	902152	4.19
酒后行驶	288	2.51	79	4.35	282	2.22	488799	2.27
逆向行驶	2371	20.70	242	13.32	2938	23.12	4250831	19.75
违法超车	275	2.40	17	0.94	317	2.50	330209	1.53
违法牵引	5	0.04	1	0.05	4	0.03	7253	0.03
违法抢行	180	1.57	36	1.98	196	1.54	235630	1.09
违法上路	890	7.77	164	9.03	967	7.61	1379354	6.41
违法停车	64	0.56	8	0.44	70	0.55	77565	0.36
违法占道	2213	19.32	346	19.04	2364	18.61	3719056	17.28
违法装载	96	0.84	23	1.27	97	0.76	177933	0.83
违反信号	1572	13.72	248	13.65	1647	12.96	4181622	19.43
未让行	1706	14.89	289	15.90	1990	15.66	3559191	16.53
无证驾驶	35	0.31	5	0.27	39	0.31	54264	0.25
其他违法	1142	9.97	224	12.33	1160	9.13	2162256	10.05
小计	11456	100	1817	100	12706	100	21526115	100

数据来源：《道路交通事故统计年报(2013)》。

3) 行人违法

行人不遵守交通信号指示、强行翻越交通护栏、过马路不走人行横道等违法行为在我国普遍存在。行人违法行为造成交通事故损失统计数据见表 3.6。

表 3.6　行人违法造成交通事故统计数据

违法行为	事故起数		死亡人数		受伤人数		财产损失	
	数量/起	占比/%	数量/人	占比/%	数量/人	占比/%	数量/元	占比/%
违法上路	745	38.09	619	54.10	176	17.90	9095663	67.69
违法占道	106	5.42	48	4.20	67	6.82	312956	2.33
违反信号	644	32.92	253	22.12	459	46.69	2532260	18.84
其他违法	461	23.57	224	19.58	281	28.59	1497565	11.14
小计	1956	100	1144	100	983	100	134384444	100

数据来源：《道路交通事故统计年报(2013)》。

3.2　影响高速公路安全的主要因素

3.2.1　交通事故的起因

导致交通事故发生的原因是多方面的，人、车、路和环境四个子系统是公路交通系统的重要组成部分。这四个子系统直接影响着公路安全，特别是高速公路交通的安全。交通事故的发生都是由人、车、路、环境四个子系统中的一个或多个失去平衡所引起的[88]。

公路交通系统是动态系统。系统中驾驶员从道路交通环境中得到交通信息；这种信息综合到驾驶员的大脑中，经分析判断形成动作指令；动作指令控制驾驶员操作行为，使车辆在公路上产生相应的运动；运动时车辆的运行状态和道路交通环境的变化又作为新的信息反馈给驾驶员。如此循环往复，平稳运行，完成整个行驶路程。正因为如此，人、车、路、环境称为公路交通系统的四大要素，只有四大要素协调配合才能构成快速、经济、安全、舒适的公路交通环境。

Ceccato 等[89]在对大量交通事故原因进行深入分析的基础上得到如下结论，见表 3.7 和表 3.8。

由表 3.7 可见，人的安全教育、培训、开车或行走的态度等，车的安全设施、车速、车辆的视野、车流量等相关因素，以及路道路及环境，包括道路标志标线、几何线形、路面材料、道路视距、道路等级、道路配套设施、天气情况等都会对交通事故产生影响。

表 3.7　交通事故的影响因素

因素	事故前	事故中	事故后
人	安全教育、培训、开车或行走态度等	车内的位置和坐姿	紧急救援情况
车	安全设施、车速、车辆的视野、车流量等相关因素	车辆防撞结构、安全带等	施救
道路及环境	道路标志标线、几何线形、路面材料、道路视距、道路等级、道路配套设施、天气情况等	道路设施(防护栏、避险车道等)	受损道路设施的修复

表 3.8　各因素对事故的影响程度　（单位：%）

原因	Treat 结论	Sabey 结论	原因	Treat 结论	Sabey 结论
单纯路(不含环境)	2	3	人和车	3	6
单纯人	65	57	路(含环境)和车	1	1
单纯车	2	2	人车路(含环境)共同	1	3
路(含环境)和人	24	28	合计	100	100

从表 3.7、表 3.8 中可以看出，Treat 和 Sabey 的结论基本相同，人是影响交通事故的主要因素。单纯人的因素对事故的影响程度就分别高达 65%和 57%，再考虑路(含环境)和人，人和车，人车路(含环境)共同的因素，则人对事故的影响程度分别高达 95%和 94%[90]。研究人员分析了我国道路交通事故主要成因和特点，结果表明由于人的交通违法行为造成的道路交通事故起数和死亡人数占比分别高达高达 95.24%和 95.42%，这一结果与 Treat 和 Sabey 的结论高度吻合。研究表明，未按规定让行、无证驾驶、超速行驶、酒后驾驶和逆向行驶是造成交通事故的五大主要因素，以上五大因素无一例外与人有关[91]。

3.2.2　人的因素

人是高速公路安全系统中最活跃的因素，该因素具体又可以分为公路规划设计者、驾驶员及其他公路使用者、公路运营和管理者。人的因素渗透在整个系统的各个方面，影响其他因素作用的发挥。因此，解决公路交通安全问题的基本指导思想是以人为本。

1) 公路规划设计者

公路规划设计者的专业技术水平、社会责任感和公路安全意识直接影响道路设施的质量，是公路安全的内部潜在因素。

2) 驾驶员和其他公路使用者

公路使用者是公路运输活动的直接参与者，绝大多数的交通事故都与公路使用者有关。《道路交通事故统计年报(2013)》事故主要原因统计显示，人的因素引起的交通事故占事故总数的 99.88%，其中机动车驾驶员违法占 93.12%，机动车驾驶员非违法过错占 4.19%，非机动车驾驶员违法占 5.77%，行人、乘客违法占 0.99%。而道路原因和意外造成的交通事故仅占 0.01% 和 0.11%。

车辆驾驶员是导致道路交通事故的主要因素。由驾驶员自身引起的事故原因又分为直接原因和间接原因两类，直接原因有驾驶员的感知不准、反应不当、判断失误等，间接原因包括驾驶员生理和心理状况异常、交通法规意识较弱和驾驶经验不足等。

此外，自行车等非机动车骑乘人员和行人交通安全意识较弱，没有自我防范意识，不重视交通规则，如在非人行横道路段横穿公路、与机动车辆抢行等，也往往会导致交通事故。

3) 公路运营和管理者

公路运营和管理者的职业道德和执法管理水平在一定程度上影响着人们的交通行为，并直接关系到整条公路的公路安全运营状况。

3.2.3　车的因素

车辆技术状况差是严重交通事故的主要原因之一。车辆技术状况差主要是指车辆制动装置和转向装置、前后轴、仪表、灯光、喇叭等有轻微故障，或者有漏水、漏油、漏气等容易忽视的问题，或者轮胎气压过高或过低。车辆技术状况差会使车辆的技术性能降低，影响行车安全。提高车辆安全技术标准，加强车辆信息智能化管理，对改善公路安全状况意义重大。

3.2.4　路的因素

路是公路运输的载体，公路的技术等级，路面的干湿、平整状况，平纵线形及其组合，道路的断面构成，交叉口的形式，路侧构造物，路侧净空以及交通工程设施在客观上都是影响公路交通安全的因素，需综合合理设计各种因素才能消除其对安全的潜在影响。

3.2.5　环境的因素

人、车、路存在于周边环境中，与环境共同构成公路运输系统。环境的概念是广义的，它包括以下方面。

1) 交通环境

在道路因素和交通管制相同的条件下，车辆在道路上运行的交通环境对交通安全有重大影响：通常交通事故数量随交通量增加而增加；在同一路段和时间段运行的车辆类型多，速度差别大，会导致交通流紊乱，发生交通事故的概率增大；道路上车辆分合流频繁的路段也往往是事故多发路段。

2) 气候环境

气候也是影响交通安全的重要因素。天气条件会影响路面干湿状况，从而严重影响汽车的制动效果和驾驶员正确判断的能力，增加驾驶难度。例如，在雨雪天、雾天等恶劣天气条件下，行车安全系数会随之下降。因此，每年冬天各地下第一场雪时，是当地交通警察和保险公司最为繁忙的时候。

3) 管理环境

我国交通安全管理的法律、法规及安全体制尚不完善，部分法律、法规没有及时修订；公路管理机构众多，但职责划分不清，这些都直接威胁着公路交通安全。

3.3 提高人的安全意识

3.3.1 提高规划设计安全标准

1. 提高公路线形设计标准

高速公路线形标准与设计速度密切相关。由于超高速公路设计速度远高于现有道路设计标准，因此需要以国内外现有高速公路线形设计标准和分析方法为基础，制定超高速公路线形设计标准，以提高安全水平。

美国公路几何设计标准与政策由规划与设计政策委员会负责制定，由美国各州公路与运输工作者协会(American Association of State Highway and Transportation Officials，AASHTO)负责出版。1930 年，AASHTO 发布了首部有关公路线形设计的指南，此后又以不同形式陆续发布了诸多类似的指南。其中，最为权威的是 1984 年出版的《公路与城市道路几何设计政策》。因该书仅为设计指南，不具有强制性，提供的技术指标也均为参考范围。该书允许各州交通部门(Department of Transportation，DOT)根据当地气候、地形特点对本州设计参数进行自主调整，让设计者在本州公路设计中拥有更大的灵活性和创造性。以不同设计速度对应的停车视距为例，AASHTO 仅提供了一个大致范围，但各州标准均为一个明确的指标，其值大多在 AASHTO 范围之内，见表 3.9。

表 3.9　AASHTO 与部分州停车视距对照表[92]

设计速度/(km/h)	停车视距/m			
	AASHTO	加利福尼亚州 DOT	俄勒冈州 DOT	弗吉尼亚州 DOT
80	112.8～139.4	130	120	120
100	157.0～205.0	195	160	160
120	202.9～285.6	255	210	210
130	—	290	—	—

我国公路线形技术指标主要由《公路工程技术标准》(JTG B01—2014)和《公路路线设计规范》(JTG D20—2017)规定。以上标准和规范对停车视距的规定均有明确的指标，见表 3.10。

表 3.10　我国公路停车视距

设计速度/(km/h)	120	100	80	60	40	30	20
停车视距/m	210	160	110	75	40	30	20

由表 3.9 和表 3.10 可见，我国公路设计停车视距与美国大致相同。例如，设计车速为 120km/h 和 100km/h 时，我国规定停车视距分别为 210m 和 160m，小于加利福尼亚州，但与俄勒冈州和弗吉尼亚州完全相同，并在 AASHTO 给出的参考范围内。当设计速度为 80km/h 时，我国规定停车视距为 110m，小于加利福尼亚州的 130m，也小于俄勒冈州和弗吉尼亚州的 120m，甚至小于 AASHTO 参考范围的最低值 112.8m。

2. 提高公路交通安全设施设计标准

我国公路交通安全设施设计主要依据《公路交通安全设施设计规范》(JTG D81—2017)进行，该规范规定的公路交通安全设施包括交通护栏、交通标志、交通标线、隔离栅和防眩设施等。交通安全设施对减少交通事故数量，降低交通事故的严重程度起着非常重要的作用。同时交通护栏和隔离栅等交通安全设施还可以避免人畜进入高速公路，排除各种纵向、横向干扰，提供视线诱导，对提高公路服务水平，改善公路景观等起着举足轻重的作用。

除普通高速公路交通安全设施外，超高速公路还应该增加提高公路交通安全性的智能设施。例如，增加超高速公路车速指导系统，该系统由信息采集系统、信息处理系统和信息发布系统组成，能够实时检测即时车速、车头间距和路面环境信息，通过信息处理系统计算分析后将车速建议通过信息发布系统提供给道路使用者。另外，增加虚拟轨道系统，利用车道保持技术或智能路钮技术，将汽车限制在由分车道线或智能路钮形成的虚拟轨道内行驶，从而能提高汽车高速行驶的安全性[93]。

超高速公路交通安全设施的设计和建设要融入交通事故防范意识。绝大多数交通事故的发生都是在交通条件突然变化而人又不能适应该变化的情况下发生的，交通工程设施的预防作用在于通过空间的延伸为交通参与者赢得反应的时间。超高速公路安全设施的应用对于提高驾驶员的通行安全至关重要，它通过预告、警示、禁止等系列措施，引起出行者对可能存在的安全隐患进行正确判断，从而避免事故的发生。

交通标志、标线是交通法律、法规在道路上的反映，良好的交通安全设施像“无声的语言”，时刻提醒道路使用者遵守交通法规和注意交通安全。交通环境会对交通参与者特别是驾驶员的生理和心理产生影响，无形中提高驾驶员的交通安全意识。例如，超一级高速公路在普通高速公路基础上改扩建形成，若部分急弯路段改造困难，如线形、坡度不易改变时，可采用增加设施的方法进行弥补。在弯道和坡道可采用多种方法进行组合式的警示：①设置大型“急弯”、“陡坡”标志；②设置加强型爆闪灯；③设置自发光交通诱导屏；④采用物理型彩色(红色)减速带与减速路面；⑤采用物理型彩色(红色)路面标线；⑥设置信号灯；⑦分流处设置反光防撞筒；⑧特殊天气时部署交通指挥车。

3.3.2　加强交通参与者安全教育

交通参与者是交通系统的主体，在各种因素造成的交通事故比例中，交通参与者的因素占比最高。交通运输部发布的《道路交通事故统计年报(2013)》显示，由交通参与者引起的交通事故约占事故总数的99.88%，具体见表3.11。

表3.11　2013年由交通参与者引起的交通事故统计数据

事故原因	机动车驾驶员	非机动车驾驶员	行人、乘客	道路原因	意外事故
事故比例/%	93.12	5.77	0.99	0.01	0.11

加强交通参与者交通安全教育，提高交通参与者安全意识，可以从以下几个方面进行。

1)从“4E”角度提高道路交通安全意识

美国国家联合公路研究计划(National Cooperative Highway Research Program，NCHRP)提出从“4E”角度提高道路交通安全意识，其中“4E”是工程(Engineering)、教育(Education)、执法(Enforcement)和紧急救援

(Emergency Aid) 的首字母[94]。“4E”的具体内容如下。

(1) 工程。指交通工程建设，主要以研究车辆在公路上的运动规律及特征为基础，进行道路、桥梁等基础设施安全设计，以及交通管理与控制和安全辅助驾驶、行人和乘员保护等车辆安全性设计等。

交通事故频发的路段一般是交通环境突然发生变化的路段，解决的方法主要是在设计阶段提高设计标准，增大平曲线半径，减小纵坡度，完善交叉口交通安全设施。

(2) 教育。主要指以学校、家庭和社会为主的定期或不定期的交通安全教育。在美国，教育主要包括驾驶员教育、在校学生教育和社会教育等。美国联邦、州及地方政府都非常重视儿童的交通安全，在立法、执法、开展各种有效的安全宣传项目等方面都做了大量的工作。

(3) 执法。公路交通管理部门按照相关交通法规对交通参与者进行管理和处罚。美国的交通安全法规包括《道路交通安全法》、《驾驶规则》、《车辆统一管理办法》、《交通法院组织法》、《交通警察服务规则》等。

(4) 紧急救援。急救包括非住院的紧急医疗护理及救护运输服务。公路交通紧急救援是指对交通参与者、车辆、道路的救援。对交通参与者的救援是指道路交通事故或交通事件发生后对受伤者和受困者的紧急救助。对车辆的紧急救援是指车辆在事故中或交通事件中受损，或行驶中突然出现故障无法继续行驶，救援人员和车辆到达现场进行救援。道路紧急救援是指由于道路本身原因或突发地质灾害引起的山体滑坡、泥石流，造成道路塌陷、被掩埋等，道路养护部门调用挖掘机、推土机等工程机械对道路实施的紧急救援。紧急救援是交通安全的补救措施，统计表明，30min 内重伤患者受到救助后有 80% 的生存率，90min 以后其生存率则下降到 10% 以下，可见紧急救援的重要性。紧急救援是交通安全意识的重要组成部分，交通管理部门在道路规划建设的同时需要建立完善的应急救援系统[95]。

2) 借鉴各国提升道路交通安全意识的经验

(1) 德国。对从幼儿园到中学的少年儿童进行交通安全教育，提高少年儿童的交通安全意识是德国整个交通安全教育体系的重要组成部分。德国执行的是全世界最严格的驾驶证考试制度，以保证驾驶员在拿到驾驶证，不但掌握了车辆的基本操作，还掌握了各种路况的应急处理技巧[96]。

(2) 日本。日本的道路交通安全教育体系是全世界最完善的。日本制定的《交通安全教育指南》，使交通安全教育工作实现了制度化、规范化。日本每年春季和秋季都会有全国范围内的道路交通安全宣传和治理运动，由警察部门牵头组织，交通安全协会等民间组织具体实施。日本成立了交通安全协会、汽车联盟等多家协会，针对学生、老人、驾驶员等不同人群进行道路交通安全教育。交通安全教育的方式多种多样，如公开报告、座谈会、公益广告、模拟驾驶仪危险体验以及交通危险预知训练等。教育的内容也丰富多彩，包括交通法规学习、交通事故演示、车辆保险知识、车辆的结构原理和车辆养护知识等[97]。

(3) 新加坡。新加坡执行的是全世界最严格的交通法规，在新加坡酒后驾车将面临高额的罚款和吊销驾照至少一年的处罚，甚至还会遭遇鞭刑[98]。新加坡建有许多特殊的儿童公园，定期向小学生开放。公园里设有模拟的城市道路，通过直观形象的教育，使孩子们从小养成遵守交通规则和文明行车、走路的良好习惯。此外，新加坡定期开展的道路安全月、道路安全奖和反酒驾运动也对交通安全起到了关键作用。

(4) 瑞典。瑞典的交通安全教育从幼儿抓起，当幼儿 2 周岁时，幼儿园就对他们进行交通安全教育，使其掌握交通法规最常用、最基本的知识。瑞典特别重视对驾驶员的教育，认为年轻驾驶员驾驶经验不足，多为非职业司机，驾驶经验较少，不能预见危险情况的存在，在紧急情况下容易因缺乏经验、措施不当而造成事故[99]。

3) 根据中国特点提高交通安全意识

目前，中国关于道路交通安全教育的理论研究较多，但是实践经验较少。中国的道路交通安全教育体系尚未建成，相关法律、法规也不健全；宣传教育主体少；交通安全教育方式单一；宣传教育机构不健全；宣传经费严重不足，来源单一，仅限政府拨款。因此，提高交通安全意识还应该从以下几个方面着手。

(1) 严格执法。我国行人成群结队违章闯红灯的现象普遍存在，对交通安全造成不良后果。出现这种现象一方面体现了大家受法不责众的从众心理影响，从而不顾及个人交通安全；另一方面也体现了我国交通安全法制建设落后，执法不严的情况。行人除闯红灯外，还存在随意翻越护栏、步行中嬉闹等不安全的行为。对此政府和交通管理部门应严格执法，采取多种手段加强交通秩序的管理。

(2) 规范管理。目前国内快递行业和外卖行业蓬勃发展，快递和外卖车辆的交通违法行为屡禁不止，引发的交通事故的数量也快速攀升。快递行业和外卖行业具有实体网点多、分布广的特点，从业人员较复杂，使用的交通工具也多种多样，给交通管理带来困难。中国特种车辆交通违法问题也较突出，在没有执行任务的时候超速行驶、抢占车道、违法停车、闯红灯、逆行等违反交通法规行为也较常见。因此，要创新监管模式，落实主体责任，规范对快递车辆、外卖车辆和特种车辆的管理。

(3) 加强宣传。政府和交通管理部门可以利用多种渠道开展广泛、长期的交通法规宣传。通过电视、广播、报纸、标语和交通宣传栏等加强对交通参与者的安全教育，交警给各单位上交通安全课，特别是学校、公交公司和运输公司等。加强传统的宣传方式，同时不断开辟新的宣传阵地，逐步提高交通参与者的责任意识、法律意识和自我保护意识。

3.3.3　提高交通安全管理水平

要提高交通安全管理水平，必须创建道路交通安全管理体系，以降低交通事故数量和交通事故的严重程度，减少交通事故造成的人员伤亡和财产损失[100]。

1) ISO39001 内容

道路交通安全管理体系(road traffic safety management systems)，是国际标准化组织(International Organization for Standardization，ISO)专门针对道路交通行业制定的统一运行标准，即 ISO39001。ISO39001 涉及的对象包括客运公司、货运公司、出租车公司、道路交通监管机构、道路设施规划设计单位以及医院、学校、超市、风景区等与道路交通安全相关的各类机构。

2) ISO39001 的出现

瑞典、新西兰等国家在总结其改善国内道路交通安全经验的基础上，于 2007 年提出了将“管理体系”方法用于道路交通安全管理的设想，并开始着手制定道路交通安全管理体系相关标准。2007 年，瑞典向国际标准化组织提出了制定道路交通安全管理体系的提议，建议制定交通安全管理国际标准。2008 年 6 月，国际标准化组织正式立项，并成立 ISO/PC241(现已升级为 ISO/TC241)项目委员会，即道路交通安全管理体系技术委员会，开始开展道路交通安全管理体系方面的标准制定。首部交通安全方面的国际标准《道路交通安全管理体系 要求与使用指南》(ISO39001)，于 2012 年 10 月由国际标准化组织颁布[101]。

3) ISO39001 的意义

ISO39001 为交通警察、公路路政等相关道路交通管理机构提供了一种科学有效的管理工具，为相关道路交通管理机构提供了统一的判定准则和评价标准，并完全可以将其作为一种监测、控制道路交通安全的手段使用。ISO39001 比较注重使用系统的方法和对过程的控制，特别突出对绩效因素的识别、分析和控制。ISO39001 对绩效因素的要求覆盖广泛、内容详细，对道路交通行为实施全方位预防、全流程管控。交通管理机构可以借助 ISO39001 管理体系进一步加强道路交通安全意识，预防道路交通安全问题的发生，减少交通安全投入和浪费，提高交通安全投入资金的使用效率。

在道路交通安全管理方面，我国虽然尚未采用类似于质量管理和环境管理的“管理体系”标准，但积极参与了 ISO 道路交通安全管理体系国际标准的制定。我国是 ISO/TC241 的第一批成员国，并拥有投票权。我国于 2012 开始着手引进 ISO39001 标准，交通运输部公路科学研究院是 ISO/TC241 在我国的技术服务单位。

3.4　汽车技术的保障

3.4.1　辅助驾驶技术

1. 自适应巡航系统

目前辅助驾驶系统种类繁多，覆盖涉及交通安全的各个方面，包括车道保持系统、自动泊车系统、制动辅助系统、倒车辅助系统和行车辅助系统等。德国博世集团是辅助驾驶技术的主要研发机构，目前拥有自适应巡航控制系统、侧视辅助系统、自动紧急制动系统以及自动泊车系统等一系列驾驶辅助系统。辅助驾驶技术将为超高速公路交通安全提供有效保障。

ACC 是由德国博世集团研发的一种典型行车辅助系统，其核心部件是雷达，其通过雷达探测自身与前车间的距离，并由汽车电子控制单元进行数据的分析与处理，自动控制汽车的加速或减速，从而实现与前车保持合理、安全的间距[102]。

ACC 能够有效减少驾驶员在高速行驶时的疲劳，适用于长途驾驶的车辆。应用 ACC 系统时，驾驶者只需要设定好速度和距离后就能实现自动跟车。ACC 中的距离并非固定长度单位，而是时间距离的概念。以奥迪 A6L 为例，其提供 1s、1.25s、1.75s 和 2.75s 四个选项。以行车速度为 108km/h 为例，换算成每秒行驶的距离为 30m，此时它与前车能保持的最小距离就是 30m。

目前德国博世集团提供的雷达传感器有探测距离约为 160m 的中距雷达和探测距离为 250m 长距雷达。中距雷达的探测角度为近距离±45°，远距离±6°，长距雷达的探测角度为近距离±20°，远距离±6°。长距雷达和中距雷达均可实现自适应巡航以及预测性紧急制动功能。它们的不同之处在于长距雷达由于探测距离较长，适用的最高行车速度为 150km/h 以上，缺点在于探测角度较小，而且成本远高于中距雷达。目前中距雷达已经逐步开始在小型车以及中型车上应用，例如，高尔夫 7 上的 ACC 所用的就是中距雷达。长距雷达与中距雷达覆盖范围存在较大差异，如图 3.2 所示。

图 3.2　长距雷达与中距雷达覆盖范围

图 3.2 中浅灰色部分为中距雷达覆盖范围，深灰色部分为长距雷达覆盖范围，中距雷达覆盖角度广，距离短，能适应 150km/h 以下车速。长距雷达虽然适应角度小，但探测距离长，能适应的最高车速达 250km/h。由于大多数国家的公路设计速度低于 150km/h，因此中距雷达应用广泛，而长距雷达只有在高档豪华车上才有安装，超高速公路的出现将为长距雷达提供广阔的应用空间。

由于长距雷达可探测角度偏小，在实际应用时，只使用一个长距雷达很难满足复杂路况需求，一般需要装两个或更多。目前部分在售的高配奥迪 A6L 和 A8 车型上的 ACC 所用的就是安装在前雾灯位置的两个长距雷达。由于各国高速公路都有严格的限速规定，即使德国也只是部分高速公路不设限速，因此汽车厂商对使用长距雷达的奥迪 A6L、A8 等车型限定 ACC 允许最高车速为 150km/h，其最终实现的探测范围与中距雷达基本一致。

2. 车道保持系统

车道保持系统是在车道偏离预警系统(lane departure warning system，LDWS)的基础上，对制动和转向的协调装置进行控制。目前国内外对车道保持的研究比较深入，通过国家知识产权局专利检索系统检索国内“车道保持”相关专利和通过专利搜索引擎 SooPAT 搜索国外相关专利结果见表 3.12。

表 3.12 车道保持系统相关专利

检索国家或机构	中国		美国		日本		欧洲专利局		世界知识产权组织	
	标题	全文	标题	全文	标题	全文	标题	全文	标题	全文
车道保持(lane keep)	3	20	15	119	13	79	7	23	1	29

注：标题是指标题中含有"车道保持"或"lane keep"的专利数量；全文是指标题、摘要、说明书及权利要求中含"车道保持"或"lane keep"的专利数量。

我国公开号为 103832435A 的发明专利公开了一种车道保持控制装置，该装置是一种在倾斜道路上行驶车辆的车道保持控制装置。公开号为 103287429A 的发明专利公开了一种车道保持系统及车道保持控制方法，其车道保持系统在对车辆的行进方向进行调整的过程中，通过对来自驾驶员的操作进行分析处理，能够根据驾驶员对车辆的不同操作动作做出相应处理。以上专利或利用视频识别分车道线，或利用 GPS 定位，或利用检测器检测车辆状态，让车辆按照既定轨迹行驶或在车道内行驶。

车道保持系统是通过车内安装的多功能高清摄像机检测道路上车道线的位置，并通过电脑的判断，协同转向、制动等系统工作，让车辆保持在车道内行驶的一套装备。德国博世集团研发的车道保持系统通过高清摄像机对道路上的车道线进行拍摄，然后利用图像处理软件进行检测分析，当发现车辆偏离车道中央一定距离时，系统会发出警示，并用很小的力(大约 3N)对方向盘进行自动纠正，以保证车辆能在车道内行驶，无须驾驶员的干预。车道保持系统最突出的作用是防止车辆在高速行驶时，因驾驶员驾驶疲劳或注意力不集中而忽略车辆偏离车道，从而引发事故[103]。

3. 制动辅助系统

制动辅助系统包括电子制动辅助(electronic brake assistant，EBA)系统和机械制动辅助系统(braking assistant system，BAS)。BAS 是 EBA 的前身。制动辅助系统能够通过判断驾驶员的制动力量和速度，在紧急制动时增加制动力度，从而缩短制动距离，对于老人或女性等脚踝及腿部力量不充分的驾驶员具有明显的优势。

制动辅助系统通过压力传感器分辨驾驶员踩踏板的压力大小和变化速度，分析并判断是否需要启动紧急制动程序。制动辅助系统能够快速形成最大的制动力，以达到最好的制动效果。制动辅助系统除 EBA、BAS 外，还有加速防滑控制(acceleration skid control，ASR)系统和循迹控制系统等[104]。

由德国博世集团研发的 ACC，除可以实现自适应巡航外，还能实现车辆的自动紧急制动。自动紧急制动系统分为对车辆或较大物体的检测以及针对行人的碰撞预警两个方案。

对车辆或较大物体的检测只需中距雷达即可，对于装有 ACC 的车辆，基本都能实现。德国博世集团的辅助制动系统，理论上可以实现前车静止，后车以 50km/h 速度靠近，或前车以 20km/h 行驶，后车以 80km/h 速度靠近时完全避免碰撞。该制动辅助系统主要是为了防止在城市道路中由于驾驶员注意力不集中而导致的追尾事故。

对于行人的碰撞预警则需要配备专用的摄像头，对行进中的行人、非机动车或者动物进行识别，难度较高，但也能实现。在德国博世集团辅助制动系统的基础上，增加多功能高清摄像头，就能对行人、非机动车以及动物等体积不大，而且形状不规则的物体进行探测，从而实现更高精度的辅助紧急制动功能，这类系统通常被称为行人预碰撞防护系统。该系统主要用于预防由驾驶员注意力不集中或处置不及时所引起的交通事故。

行人预碰撞防护系统可以对城市中经常出现的“鬼探头”情况起到有效的预防作用。因为当行人突然出现在驾驶员面前时，很多人会由于紧张而制动不及时或者制动力度不够，有了这套系统后能够在很大程度上避免事故的发生或尽可能降低碰撞时的速度，减少伤害。

4. 侧视辅助系统

侧视辅助系统也称为变道辅助系统或盲点检测系统，其通过超声波雷达或后置中距雷达检测车辆侧后方盲区内的情况，当发现有汽车驶入盲区时，会启动报警系统。侧视辅助系统还能在大雾、雨雪天气，后视镜视线较差的情况下起到非常好的效果。

侧视辅助系统能够主动监督位于车辆后方盲区内的其他车辆，并通过灯光连续快速闪烁、发出蜂鸣警示音等方式提醒驾驶员。目前德国博世集团研发的侧视辅助系统可提供两阶段预警功能：第一阶段是当后车靠近时，安装在后视镜或 A 柱上的警示灯会快速闪烁，以提醒驾驶员；第二阶段是当开启转向灯，而对应侧后方正好有车辆靠近时，警示灯和蜂鸣器会同时工作，用两种方式警告驾驶员存在的危险。根据不同汽车厂商的要求，危险提醒方式也可以改变，如凯迪拉克采用的是座椅震动的方式，但是基本原理是一样的[105]。

侧视辅助系统可以采用超声波传感器或中距雷达传感器两种途径实现，虽然这两种方式都能实现类似的功能，但制造成本以及扩展功能略有不同。使用超声波传感器的制造成本较低，它的扩展功能是可以实现自动泊车；采用后置中距雷达传感器的成本远高于超声波传感器，它的扩展功能是可以实现后方主动预警，但是目前装备后置中距雷达的车型并不多，因为从成本考虑，绝大部分汽车厂商都会选择使用超声波传感器来实现侧视辅助及其扩展功能。

3.4.2 自动驾驶技术

1. 自动驾驶汽车概述

1) 自动驾驶汽车

自动驾驶汽车顾名思义是具有自动驾驶功能的汽车，但是目前各国还没有统一的定义，英文也有 self-driving cars、autonomous vehicle、automatic driving vehicle 等多种表达方式。虽然自动驾驶汽车没有统一的定义，但是具有共同的特点，就是利用人工智能、图像处理、微波、雷达、监控设备和全球定位系统等协同合作，让汽车 ECU 可以在没有驾驶员主动的干预下，安全地实现加速、减速和避让障碍物。自动驾驶汽车是在辅助驾驶技术基础上的进一步研发，随着自动驾驶技术逐步达到实用化，目前已有多家汽车厂商的多款自动驾驶汽车实现了量产[106]。

2) 自动驾驶汽车的起源

自动驾驶汽车起源于美国国防部先进研究项目局(Defence Advanced Research Projects Agency，DARPA)举办的首届无人驾驶汽车陆地挑战赛。

2004 年，DARPA 在美国加利福尼亚州沙漠中举办了首届汽车陆地挑战赛，15 辆外形奇特的“汽车”在沙漠中行为“诡异”地行驶着，有的犹如驴拉磨在原地转圈，有的如醉汉左摇右晃，还有的跑着跑着一头栽倒在地，或者撞上围墙。汽车陆地挑战赛的赛道设计长度达 240km，但是没有一支队伍能够完成比赛，即使获得了第一名的卡耐基梅隆大学的悍马，也仅仅行驶了 11.78km。

2005 年，主办单位将挑战赛的奖金提高到上届的 2 倍，达到 200 万美元，共有二十三个小组参赛。比赛结束，斯坦福大学改装的一辆大众途锐汽车夺冠，另有四个小组的汽车到达终点。获奖赛车由斯坦福大学计算机系与人工智能实验室教授 Thrun 带领的学生团队打造。在赢得这场比赛之后，Google 的 Page 和 Brin 就找到了特龙并邀请其加入 Google，建立了一个具有神秘色彩的硬件实验室，即后来的 Google X 实验室。

2007 年，主办单位为了提高陆地挑战赛的难度，增设了城市环境的赛道，参赛车辆需要通过前乔治空军基地内的模拟街道完成比赛。加入 Google 不久的特龙利用改装后的帕萨特旅行版 Passat(B8)代表斯坦福大学参加了比赛[107]。

3) 自动驾驶汽车分级

自动驾驶技术包含很多汽车辅助技术，按照这些技术让汽车达到自动驾驶的智能程度，有些机构对它的级别进行了划分。其中有两个机构的划分比较权威，分别是美国汽车工程师协会(Society of Automotive Engineers，SAE)和美国高速公路安全管理局(National Highway Traffic Safety Administration，NHTSA)。美国汽车工程师协会按自动驾驶汽车的智能程度，从驾驶员完全驾驶到汽车完全自动驾驶将其分为 5 个等级；而美国高速公路安全管理局则将无人驾驶分为 4 个等级，二者的划分原则基本相同，只是美国汽车工程师协会对高度自动化驾驶的划分更细致[108]，见表 3.13。

表 3.13　自动驾驶汽车分级

<table>
<tr><th>NHTSA</th><th>SAE</th><th>自动化程度</th><th>具体定义</th><th>驾驶操作</th><th>周边监控</th><th>接管</th><th>应用场景</th></tr>
<tr><td>0</td><td>0</td><td>人工驾驶</td><td>驾驶员负责驾驶车辆</td><td>驾驶员</td><td>驾驶员</td><td>驾驶员</td><td>无</td></tr>
<tr><td>1</td><td>1</td><td>辅助驾驶</td><td>车辆对方向盘和加减速中的一项操作提供驾驶支持，驾驶员负责其余的驾驶动作</td><td>驾驶员和车辆</td><td>驾驶员</td><td>驾驶员</td><td rowspan="4">限定场景</td></tr>
<tr><td>2</td><td>2</td><td>部分自动驾驶</td><td>车辆对方向盘和加减速中的多项操作提供驾驶支持，驾驶员负责其余的驾驶操作</td><td>车辆</td><td>驾驶员</td><td>驾驶员</td></tr>
<tr><td>3</td><td>3</td><td>条件自动驾驶</td><td>车辆完成绝大部分驾驶操作，驾驶员需要在适当的时候提供应答</td><td>车辆</td><td>车辆</td><td>驾驶员</td></tr>
<tr><td rowspan="2">4</td><td>4</td><td>高度自动驾驶</td><td>车辆完成所有驾驶操作，驾驶员无须对所有的系统请求做出应答，但需要限定道路和环境条件</td><td>车辆</td><td>车辆</td><td>车辆</td></tr>
<tr><td>5</td><td>完全自动驾驶</td><td>车辆完成所有驾驶操作，驾驶员无须保持注意力</td><td>车辆</td><td>车辆</td><td>车辆</td><td>所有场景</td></tr>
</table>

第一层次：无智能化。

由驾驶员完全地控制汽车，包括车辆制动、转向、踩踏油门及启动车辆。

第二层次：具有一定功能的智能化。

车辆具有有限自动控制的功能，主要通过警告防止交通事故的发生。具有一定功能的智能化阶段可称为辅助驾驶阶段。

第三层次：多数功能智能化。

汽车具有至少两种控制功能融合在一起的控制系统，完全不需要驾驶员对这些智能化的功能进行控制，多数功能智能化阶段可称为半自动驾驶阶段。包括紧急自动制动系统和紧急车道辅助系统等。

第四层次：有条件无人驾驶。

汽车能够在某个特定的交通环境下实现完全自动驾驶，并可以自动检测交通环境的变化以判断是否返回驾驶员驾驶模式。有条件无人驾驶阶段可称为高度自动驾驶阶段，如 Google 的无人驾驶汽车。

第五层次：全工况无人驾驶。

汽车没有驾驶员，没有方向盘，在任何环境下都能完全自动控制车辆。车上乘员只需提供目的地或者输入导航信息，就能够实现所有路况的自动驾驶，到达目的地。全工况无人驾驶阶段也可称为完全自动驾驶阶段或者无人驾驶阶段。

2. 国外自动驾驶汽车发展

1) Google 自动驾驶汽车

Google 自动驾驶汽车没有方向盘，没有刹车踏板，是可以实现全路况无人驾驶的全自动驾驶汽车或无人驾驶汽车，这种汽车全部靠传感器和智能软件实现自动驾驶，Google 于 2009 年公布了自动驾驶汽车的雏形。

2010 年 10 月，Google 在其官方博客中透露正在研发自动驾驶汽车。Google 的目标是通过改变车辆的基本使用方式，帮助预防交通事故，并将驾驶员从大量的驾驶时间中解放出来，同时减少碳排放[109]。

2011 年 10 月，Google 将美国内华达州和加利福尼亚州的莫哈韦沙漠作为试验场地对自动驾驶汽车进行测试。当年，美国内华达州立法机关制定法律允许自动驾驶汽车上路行驶。这部法律于 2012 年 3 月 1 日正式生效，成为美国首部涉及自动驾驶汽车的法律。

2012 年 4 月，Google 宣布自动驾驶汽车试验里程已经达到 20 万 km，并将自动驾驶相关技术申请了多项专利，部分专利已获授权。

2012 年 5 月，美国内华达州机动车辆管理局(Department of Motor Vehicles，DMV)批准了全美首个自动驾驶汽车上路行驶许可证。在颁发许可证前，DMV 有关官员曾在拉斯维加斯大道、卡森城街区和高速公路上严格检验过这款汽车。

从 2009 年自动驾驶项目启动到 2016 年 10 月，Google 多款自动驾驶汽车已经在自动驾驶模式下累计试验行驶了 200 万 mi(322 万 km)。尽管发生了各种交通事故共计 12 起，但是没有一起交通事故是由自动驾驶汽车引起的。

2016 年 5 月 Google 宣布，2017 年将与菲亚特和克莱斯勒合作生产自动驾驶汽车，并宣布将把 Google 的自动驾驶技术安装到 100 辆克莱斯勒新款 Pacifica 旅行车上[110]。

2) 日产自动驾驶汽车

2016 年 8 月，日产首款量产自动驾驶车型全新塞瑞娜(Serena)进入日本汽车市场。全新塞瑞娜首次使用日产 ProPILOT 自动驾驶技术，ProPILOT 技术可以在全自动驾驶模式下完成转向、加速和减速等操作，能够减缓因高速公路交通拥堵和长时间驾驶引起的驾驶疲劳。

3) 沃尔沃自动驾驶汽车

沃尔沃从 20 世纪 90 年代就开始对自动驾驶技术进行研究，是传统汽车厂商中最先启动研发自动驾驶技术的。沃尔沃在瑞典哥德堡建立了“未来交通”试验场，还曾在北京六环做自动驾驶路试。沃尔沃高度重视自动驾驶技术的安全性，并承诺在自动驾驶模式下发生事故的责任由沃尔沃承担，因此吸引了大批的自动驾驶汽车用户[111]。

沃尔沃 XC90 和 S90 是目前在售的两款具有高度自动驾驶功能的汽车，其中沃尔沃 S90 全系标配第二代自动驾驶辅助系统。

XC90 是沃尔沃首款量产的自动驾驶汽车，获得了欧盟新车安全评鉴协会(Euro NCAP)的最佳整体安全等级评定，该机构是汽车界最具权威的安全认证机构。XC90 安全辅助系统安全率高达 100%，成年乘客保护安全率也达 97%。

沃尔沃 S90 在雷达探测、图像识别、微波传感器等的密切配合下，利用汽车 ECU 系统，能够识别运动车辆及道路标志和标线，在车速 130km/h 内实现平顺地自动加速、减速和转向。此外，全新 S90 还使用了车道偏离预警系统和大型动物探测系统两项智能安全技术。车道偏离预警系统可以在车速 65～140km/h 探测、预判潜在的车辆偏离车道的危险，主动发出警报并阻止车辆发生车道偏移，降低偏离车道事故发生的可能性和伤害程度；大型动物探测系统则能监测到前方麋鹿、野猪或黑熊等大型动物，能够自动发出预警、制动和绕行，有效避免碰撞，降低对驾乘人员和大型野生动物的碰撞伤害。

4) 特斯拉自动驾驶汽车

特斯拉自动驾驶汽车是在传统驾驶系统的基础上增设自动驾驶仪(autopilot)。特斯拉的雷达探测器、图像识别系统等硬件设备均采用外购的方式，特斯拉只研发识别软件等核心技术[112]。

特斯拉不是研发自动驾驶技术最早的，但是发展最快的。2014 年 10 月，马斯克才开始为部分电动汽车前后保险杠和车身两侧安装超声波传感器和雷达探测器。这些传感器和探测器能够在电动汽车发生碰撞前发出警告信息，并采取紧急制动措施，帮助驾驶员避免交通事故。2015 年 10 月，特斯拉发布了升级软件 Tesla Version7.0，即自动驾驶仪。Tesla Version7.0 可以提供电脑辅助侧方位停车、高速主动转向和变道以及侧向碰撞警告，并且可以控制自身车速、改变行车路线和自动泊车。2016 年，在《麻省理工科技评论》选出的十大突破技术中，特斯拉的自动驾驶仪位列第 9 位。

5) 奥迪自动驾驶汽车

奥迪纯电动自动驾驶汽车前后装备激光扫描传感器和多组摄像头、超声波探测器、雷达探测器等设备，可收集汽车周围的道路和车辆信息，并将这些信息传送给中央控制辅助系统，精确地计算出车辆周边环境对汽车行驶的潜在威胁。此外，奥迪还有 TT、SR7、A7 等多款具有自动驾驶功能的汽车[113]。

6) 奔驰自动驾驶汽车

奔驰 F 015 自动驾驶汽车，具有 360°的全方位摄像头、超声波传感器、雷达探测器、高精度 GPS，能够在极端条件下快速发出操作指令，最大限度地避免交通事故的发生。乘客离开汽车后，还可通过智能手机上的应用软件，实现自动寻找车位停车，并可通过 App 发出指令，让汽车自动驾驶到达指定的位置。奔驰 F 015 自动驾驶汽车搭载的扩展感知系统智能程度极高，能够识别周边车辆和行人的行为，若有行人招手示意时，奔驰 F 015 可以实现停车避让[114]。

此外，奔驰旗下还有 S 500、全新 E 级等自动驾驶汽车。

7) 宝马自动驾驶汽车

宝马自动驾驶系统(driving assistance systems)主要功能包括转向及车道辅助控制和交叉路口警示两大功能。其中新一代宝马 5 系能够实现自动控制转向、加速及减速等功能，并能够识别道路交通标志牌，根据标志牌的限速调整车速[115]。

3. 国内自动驾驶汽车发展

1) 红旗 HQ3

2011 年 7 月 14 日，国防科技大学独立研制的红旗 HQ3 无人驾驶汽车，从长沙到武汉完成了共计 268km 的全程高速无人驾驶试验。

无人驾驶试验经历 3h22min，无人驾驶系统限定最高车速为 110km/h。无人驾驶试验过程中成功超越社会车辆 116 辆，其他社会车辆超越试验车辆 148 次，试验全程平均车速为 87km/h。红旗 HQ3 无人驾驶系统的激光探测器、高清摄像头和图像处理系统可随时监测前方和侧方的道路状况及车辆状况，完全利用自身的传感器对道路交通标线和前方及侧方车辆进行识别。红旗

HQ3 无人驾驶系统还集成了部分交通法规，能够遵守超车规则，并通过识别限速交通标志牌实现车速限制，在交通拥堵路段可自动完成制动、停车和再次启动等动作[116]。

红旗 HQ3 无人驾驶汽车高速试验的成功，标志着我国无人驾驶汽车研发进入了崭新的阶段，为该项技术的正式应用奠定了基础。

2) 长安自动驾驶汽车

由长安睿骋改装的 3 辆自动驾驶汽车，于 2016 年 4 月 12 日从长安重庆工厂出发，途经西安、郑州、石家庄等地，到达北京，完成 2000km 自动驾驶的上路试验。本次试验使用了两种不同的技术方案：第一种方案使用的是激光雷达，适用于低速行驶，特别是对城市道路上行人的检测；第二种方案使用的是毫米波雷达，适用于高速行驶，可以检测高速公路上交通标志、标线。

长安自动驾驶汽车低速状态下的自动驾驶，主要是依靠高精度地图和各种传感器，完成避让行人、自动超车及通过狭窄路段等功能。

长安自动驾驶汽车在高速行驶时，能够实现 0～120km/h 的全速自适应巡航、自动减速、车道保持、智能变道以及语音控制等功能。试验车还安装了人机交互系统(human-machine interaction，HMI)，车内人员能够直观地查看目前车辆速度、加速度、燃油消耗等参数。

目前长安已经推出了睿骋 CC、CS55 和新 CS75 三款具有自动驾驶功能的汽车，其智能化水平都能达到 L2 级。长安汽车还计划到 2020 年停止销售传统非网联汽车，所有汽车出厂全部联网，全部搭载驾驶辅助系统，并计划到 2025 年全部实现语音控制，同时有 L4 级自动驾驶汽车量产。

3) 百度自动驾驶汽车

2015 年 11 月，百度自动驾驶汽车完成上路试验，绕北京五环一圈。百度自动驾驶汽车车顶上安装了激光雷达，以 10r/s 的速度不停地扫描周围的路况和车辆，同时装备了摄像机、毫米波雷达来感知周围环境。

百度自动驾驶汽车配有安全驾驶员，可以在任何时候切换到人工驾驶模式。百度自动驾驶汽车在前座靠背上挂着两台运行 Linux 系统的屏幕，试验车自动驾驶的启动需要工程师用键盘和鼠标来完成。屏幕上能够显示周围 20～30m 范围内汽车的瞬时速度、所在位置和唯一代号，这些信息都显示在百度地图提供的厘米级精度的地图上。

百度“阿波龙”是世界上第一款达到 L4 级别的自动驾驶巴士，该车于 2018 年 7 月进入市场。同年 8 月，“阿波龙”在厦门开展了市民体验活动；10 月，首台“阿波龙”无人驾驶小巴士顺利进入武汉开发区，正式进入商业运营阶段。

4) 奇瑞自动驾驶汽车

2008 年，奇瑞汽车成立了前瞻技术研究院，和奇瑞集团旗下新能源公司合作研究制造奇瑞智能汽车。2012 年，奇瑞汽车在北京汽车展上展示了首款概念车，即“小蚂蚁”。此后，奇瑞汽车分别于 2013 年、2015 年成功研发了第二代和第三代智能汽车，并在 2016 年北京车展上展示了具有高度自动驾驶功能的 3.0 版本全新无人驾驶概念车。

奇瑞目前拥有奇瑞雄狮(CHERYLION)智能互联品牌，该品牌含自动驾驶和智能互联两大核心技术。奇瑞以自动驾驶为目标，研发了高性能 GPU(CPU)芯片，采用人工智能感知和决策算法。为了实现智能互联，奇瑞建立了交互、服务和反馈三个层次的网络，构成了由语音操控、面部识别、增强现实导航、人机界面设计等核心技术组成的人工智能系统。目前奇瑞已完成 L2 级自动驾驶汽车的研发，并预计在 2020 年实现 L3 级自动驾驶，2025 年实现 L4 级高度自动驾驶，2026 年实现 L5 级自动驾驶。

5) 宇通自动驾驶汽车

2015 年 8 月 29 日，具有自动驾驶功能的宇通大型客车，在日常路况的环境下，从河南省郑开大道(郑州至开封的城际快速路)城铁贾鲁河站出发，通过 26 个信号交叉口，在没有人为干预条件下自主完成跟车行驶、变换车道、自主超车、信号灯识别、定点靠边停车等一系列试验项目，全程自动行驶 32.6km，最高时速达到 68km，成功到达指定目的地。

宇通汽车凭借众多智能传感器和计算模块，不断提升智能汽车的主动安全性能，纠正司机可能导致交通事故的驾驶行为，不断优化智能汽车的性能，降低交通事故的数量和严重程度，最终实现零事故的目标。

6) 吉利自动驾驶汽车

吉利缤瑞是吉利自动驾驶汽车的代表作，该车应用了 L2 级自动驾驶技术[28]，并计划在 2020 年量产 L3 级自动驾驶汽车。吉利缤瑞搭载了智能领航系统、全速自适应巡航系统和车道保持系统等 10 余种驾驶辅助系统，可以说该车是多种智慧的结晶。

3.5 道路技术的保障

3.5.1 高速公路车速指导系统

1. 技术方案

目前高速公路限速对提高行车安全起到重要作用，但是不能发挥高速公路“快速”的优越特性。为了解决这一问题，为超一级高速公路建设打好基础，本书采用试验和仿真的方法建立一种既能保证行车安全，又能提高高速公路运行效率的系统。试验和仿真结果均表明，高速公路车速指导系统能够在有效提高高速公路安全性的同时提高车辆运行速度。

高速公路车速指导系统通过适时监测高速公路的交通流状态、道路状况、交通环境条件，利用交通流理论适时提供指导建议。高速公路车速指导系统能够对特殊天气、特殊道路环境、低能见度、低附着系数等情况下的车速进行指导，既能确保道路交通的安全，又能提高高速公路运行效率。

1) 组成结构

高速公路车速指导系统由多个单元组成，每个单元均由信息采集系统、信息处理系统、信息发布系统三部分构成，其结构如图 3.3 所示。

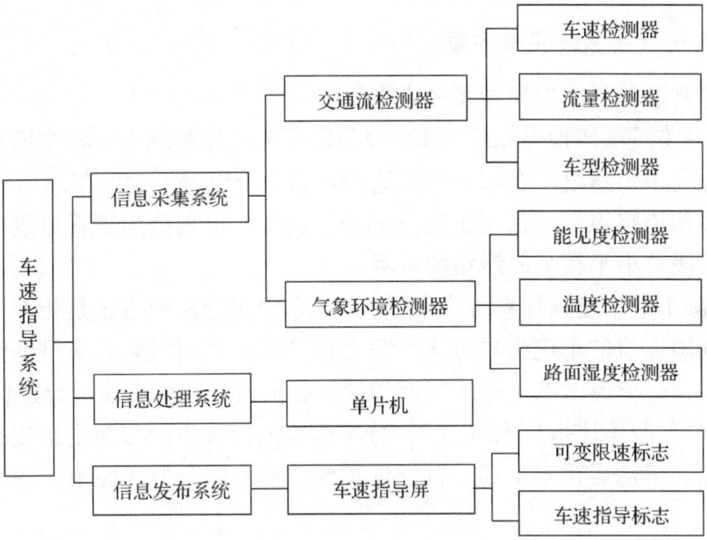

图 3.3　高速公路车速指导系统结构

2) 工作原理

高速公路车速指导系统各单元按照平直路段、弯道、坡道、桥梁、隧道等不同的道路条件确定设置间距，各单元工作过程分为以下三步：

(1) 信息采集系统获取交通、环境等信息。

(2) 信息处理系统对信息采集系统获取的交通、环境等信息进行处理。

(3) 信息发布系统将处理结果提供给驾驶员，指导驾驶员进行加速、减速操作。

高速公路车速指导系统各单元工作原理见表 3.14。

表 3.14 高速公路车速指导系统工作原理

条件	信息采集系统		信息处理系统		信息发布系统
	输入值	检测值	计算值	比较	
正常 （或低附着系数）	V_{max}；u	V；H_t	H_s；S_t	$H_s \leqslant S_t$	↓
				$H_s \geqslant S_t$ 且 $V < V_{max}$	↑
低能见度	V_{max}	V；H_t；S	H_s；S_t	$H_s \leqslant \max(S, S_t)$	↓
				$H_s \geqslant \max(S, S_t)$ 且 $V < V_{max}$	↑

注：V 为车辆行驶速度，km/h；H_t 为车头时距，s；H_s 为车头间距，m；S 为检测得到的能见度，m；S_t 为计算安全距离，m；V_{max} 为最高限速，km/h；↓表示减速，↑表示加速。

检测值除表中所列外，还有温度（t）、湿度（d）等，用于计算车头间距 H_s。

2. 车速指导系统实施方案

1）正常条件下车速指导系统方案

（1）分路段车速指导系统方案。分路段车速指导系统方案将交通车速指导区域划分为多个路段，在每一个车速指导路段上设置不同的车速指导屏[117]。路段可按照道路不同几何特征进行划分，例如，可划分为平直路段、小半径平曲线路段、小半径竖曲线路段三类。

（2）分车道车速指导系统方案。分车道车速指导系统方案是指在不同车道采用不同限速值的车速指导方案。车速指导屏可采用门架式或借助跨线桥附着于桥梁上，车道上方正对的车速指导屏显示该车道的车速指导建议。

（3）分车型车速指导系统方案。分车型车速指导系统方案是指根据交通流运行特点、车辆运行安全和运营管理需要，对不同车型实施不同的车速指导方案。

2）特殊条件下车速指导系统方案

特殊条件是指雨雪、浓雾等天气造成的低能见度条件，以及积水、积雪、积冰等天气造成的低附着系数。特殊条件下车速指导系统方案与正常条件下车速指导系统方案相似，不同之处在于由于检测得到附着系数或能见度较小，而使最小安全距离变大。

（1）低附着系数条件下车速指导方案。低附着系数条件下车速指导方案与正常条件下车速指导方案相似，只是计算得到的最小安全距离较大。

（2）低能见度条件下车速指导方案。低能见度条件下车辆间安全距离比正常条件下大，因此，车辆间的实际距离除与计算得到的安全距离比较外，还需与能见度比较，若小于两者较小值则需减速；若大于较大值且即时速度小于最高限速，则可加速。

3. 车速指导系统试验

1) 试验方案

(1) 信息采集系统。在路面设置车辆检测器，检测即时车速(V)和车头时距(H_t)，通过信息处理。

(2) 信息发布系统。设置门式交通标志牌，在对应车道上方设置 LED 屏幕，显示最高限速和车速指导建议。

(3) 信息处理系统。用馈线电缆连接车辆检测器、LED 屏幕和信息处理器。

试验方案结构如图 3.4 所示。

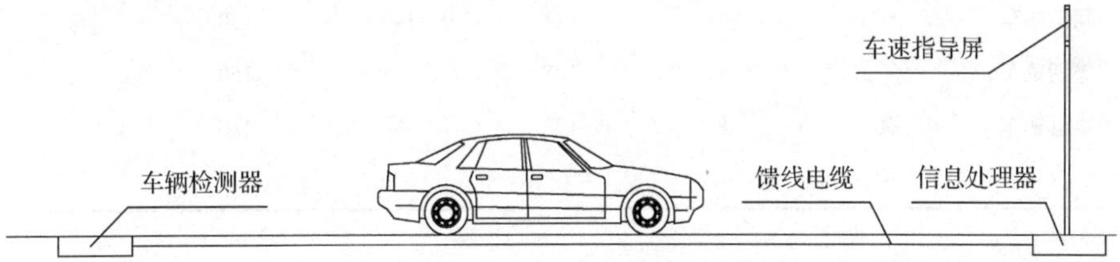

图 3.4　车速指导系统试验方案结构

2) 试验条件

(1) 试验路段为直线坡道，坡度为 3%，双向四车道，该处道路最高限速 100km/h。

(2) 试验时路面积雪 0.65cm，根据《典型交通事故形态车辆行驶速度技术鉴定》(GA/T 643—2006)，被雪覆盖路面 u 值取 0.30[118]。

(3) 能见度检测器检测得到能见度为 150m。

3) 参数计算

(1) 车头间距计算。车头间距利用车辆检测器获取的 V、H_t 计算得到，计算公式见式(3.1)。

$$H_s = VH_t \tag{3.1}$$

(2) 停车视距计算。停车视距由三部分组成：驾驶员反应时间内车辆行驶的距离 S_1，开始制动汽车到汽车完全停止所行驶距离 S_2(制动距离)，再加上车辆间最小安全距离 S_0(一般取 5～10m)[119]，按式(3.2)计算。计算结果见表 3.15。

$$S_t = S_1 + S_2 + S_0 = Vt + \frac{V_2}{254(u \pm i)} + S_0 \tag{3.2}$$

式中：S_t为停车视距，m；V为行驶速度，km/h；t为驾驶员知觉反应时间，取 2.5s；u为路面与轮胎之间的纵向附着系数；i为道路纵向坡度，%。

4）车速指导

根据检测器检测得到V、H_t，结合道路条件i、u，计算H_s、S_t，将H_s、S_t、S进行比较得到车速指导建议，见表 3.15。

表 3.15　车速指导试验参数记录

参数	V/(km/h)	H_t/s	H_s/m	S_t/m	S/m	车速指导
第一辆车	89	11	272	177	150	↓
第二辆车	74	8	164	131	150	↓
第三辆车	80	5	111	149	150	↓
第四辆车	97	4	108	205	150	↓
第五辆车	60	8	133	94	150	↑
…	…	…	…	…	…	…

4. 车速指导系统仿真分析

1）建立仿真模型

以试验路段建立仿真模型，道路参数、交通流参数等与试验条件相同，利用交通流仿真软件 VISSIM，按照表 3.16 设置仿真参数，建立仿真模型如图 3.5 所示。

表 3.16　不同路面状况的参数设置

驾驶状态			正常路面	雪路面
跟车(Wiedemann74)	平均停车间距/m		2	5
	最大前视距离/m		250	150
车道变换(自由车道选择)	最大减速度/(m/s^2)	自身	−4	−1.5
		前车	−3	−1.5
	最小车头空距/m		0.5	1.5
最小横向间距	V=0		0.5	0.5
	V=50km/h		1.0	1.5

图 3.5　VISSIM 仿真模型

2) 仿真结果

试验中交通调查 1h 交通量为 2609veh，根据试验方案，仿真时输入交通量也为 2609 辆，且交通组成与试验调查时相同。试验和仿真结果及未设高速公路车速指导系统时交通流速度调查数据见表 3.17。

表 3.17　试验与仿真结果

方向	车型	交通量/veh	试验			仿真			未设时平均速度/(km/h)
			交通量(速度增加)/veh	交通量(速度减小)/veh	平均速度/(km/h)	交通量(速度增加)/veh	交通量(速度减小)/veh	平均速度/(km/h)	
自西向东($i=3\%$)	小型车	1064	327	737	86.12	319	745	87.58	85.45
	大型车	167	46	121	78.15	48	119	78.97	77.78
自东向西($i=-3\%$)	小型车	1165	406	759	89.24	412	753	88.78	85.47
	大型车	213	59	154	79.35	57	156	79.97	77.48
合计		2609	838	1771	83.22	836	1773	83.83	81.55

5. 车速指导系统应用

通过比较试验和仿真结果及未设高速公路车速指导系统时调查得到的交通流速度数据，可得出以下结论：

(1) 试验和仿真得到相同条件下不同方向、不同车型的平均速度数据基本相同，证明试验和仿真数据可较好拟合，并符合实际交通规律。

(2) 试验和仿真过程中，不同方向、不同车型车速增加的车辆数较少，但是平均速度却比没有设置高速公路车速指导系统略高，说明超过平均速度车辆的超速值远大于低速车辆低于平均速度的值，对于高速车辆的减速建议有利于提高其行车安全。

(3) 试验和仿真过程中，平均速度比没有设置高速公路车速指导系统略高，说明其通行效率有所提高。

高速公路车速指导系统既能保证行车安全，又能提高高速公路运行效率。因此，可在条件较好的现有高速公路基础上进行改造，增加车速指导系统，开展超一级高速公路建设。

3.5.2 高速公路虚拟轨道系统

1. 虚拟轨道系统概述

目前我国高速铁路运营车速普遍在200～300km/h，并且已经完全掌握了检测时速500km的高铁技术，中国南车CIT500型高速铁路试验时速甚至超过605km，打破了法国高速列车TGV在2007年创造的世界高速铁路最快纪录574.8km/h。高速列车之所以能够高速、安全地行驶，是因为有铁轨的约束。若能将汽车限制在虚拟轨道内行驶，汽车行驶安全性也将大大提高，设计速度高于120km/h的超高速公路的安全问题将得到解决。

高速公路虚拟轨道系统可以使汽车沿智能路钮系统形成的虚拟轨道高速行驶，为超高速公路提供安全保障。

目前国内外关于汽车虚拟轨道系统的研究刚刚开始，通过国家知识产权局专利检索系统检索国内“虚拟轨道”相关专利和通过专利搜索引擎SooPAT搜索国外相关专利，结果见表3.18。

表3.18 汽车虚拟轨道相关专利数量

检索国家或地区	中国		美国		日本		欧洲专利局		世界知识产权组织	
	标题	全文	标题	全文	标题	全文	标题	全文	标题	全文
虚拟轨道(virtual orbit)	2	54	1	107	1	93	1	37	1	22

注：标题是指标题中含有“虚拟轨道”或“virtual track”的专利数量；全文是指标题、摘要、说明书及权利要求中含“虚拟轨道”或“virtual track”的专利数量。

通过知网(CNKI)检索，国内尚无虚拟轨道相关研究，通过The Engineering Village(EI)检索“virtual track”得到80条记录。通过Scientific Citation Index(SCI)检索 “virtual track”相关论文，仅9条记录。

公开号为105564447A的发明专利公开了一种虚拟轨道汽车列车控制系统，包括车头状态检测组件、车厢状态检测组件、车尾状态检测组件和轨迹跟随控制器，轨迹跟随控制器通过通信网络向各个车桥的线控转向器发送转向指令，实现后车轮与前车轮的轨迹跟随，使前后车轮轨迹完全重合，该系统主要用于汽车列车[120]。

公开号为103863334A的发明专利公开了一种基于橡胶车轮和虚拟轨道

技术的有轨电车，该有轨电车由车体、控制系统和车轮组件构成，通过车体底部的检测器探测地面有虚拟轨道标志的传感器或卫星定位器控制车辆行驶轨迹，从而实现电车在虚拟轨道上行驶[121]。

本书研究的基于智能路钮系统的虚拟轨道系统，由路面子系统、车载子系统和服务中心子系统构成。高速公路智能路钮系统是在传统发光路钮的基础上，增加读、写和存储模块，使其具有存储和读取数据的功能，并通过车载端的显示器显示车辆位置，道路平、纵、横线形参数，从而指导驾驶员的驾驶行为。

2. 虚拟轨道系统结构组成

虚拟轨道系统是在高速公路智能路钮系统的基础上，增加数据处理模块和转向控制装置，使其具有转向控制功能，使车辆自动沿标签路钮形成的虚拟轨道行驶。智能路钮是具有存储功能的路钮，可将车辆位置，道路平、纵、横线形参数存储到智能路钮内，当车辆经过该路钮时，能够快速读取这些数据，并以图形的形式显示在LED屏幕上，从而指导驾驶员的驾驶行为。

基于智能路钮的高速公路虚拟轨道系统由路面子系统、车载子系统和服务中心子系统组成。路面子系统由写入路钮、标签路钮组成；车载子系统由阅读器、显示器、前轮偏角检测器、数据处理模块和转向电机组成；服务中心子系统由服务器和手持终端组成；此外，各子系统还包括电源和连接线路，各组成部分如图3.6所示。智能路钮系统阅读器和标签路钮通过特高频(902～928MHz)射频识别(radio frequency identification，RFID)技术进行通信。

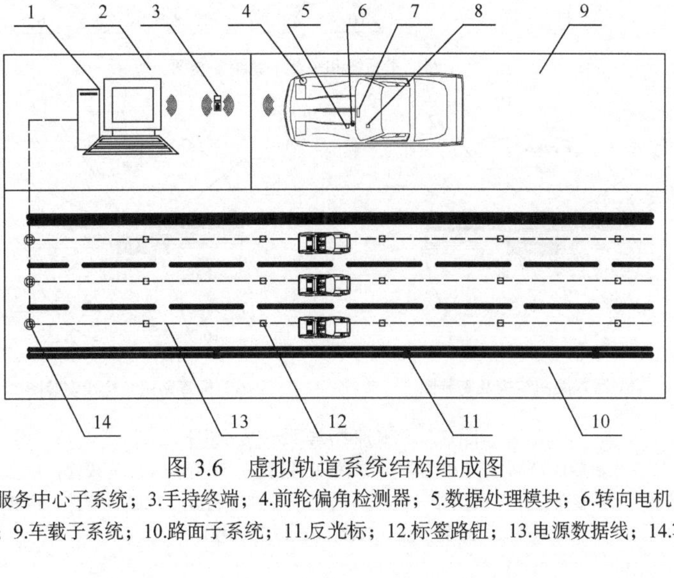

图3.6　虚拟轨道系统结构组成图

1.服务器；2.服务中心子系统；3.手持终端；4.前轮偏角检测器；5.数据处理模块；6.转向电机；7.显示器；8.阅读器；9.车载子系统；10.路面子系统；11.反光标；12.标签路钮；13.电源数据线；14.写入路钮

3. 虚拟轨道系统工作原理

1)路面子系统

路面子系统由写入路钮和标签路钮及其接线组成。路面子系统在路面铺设施工时埋入路面结构层，顶部与路面平齐，可避免车辆碾压时出现颠簸。写入路钮和标签路钮的埋设位置位于汽车行驶在车道正中心时驾驶员的正下方，这样汽车行驶在车道正中央时，发光路钮形成的视线诱导线条位于驾驶员的正前方。写入路钮安装在需要良好视线诱导的道路起点或车道入口处，写入路钮除具有传统发光路钮所具备的发光结构外，还具备写入接口和存储空间，可通过手持终端或者服务中心子系统的服务器写入路钮位置和所在路段道路平、纵、横线形参数。标签路钮与写入路钮通过导线相连，标签路钮除具有传统发光路钮所具备的发光结构外，还具备射频发射结构。车辆驶过标签路钮位置时，能够通过 RFID 准确读取写入路钮内存储的道路平、纵、横线形参数，同时读取标签路钮的位置参数，即车辆所在的准确位置。与 GPS 和手机基站定位相比，智能路钮系统定位精确度高，延误时间短，实时性强。车速指导系统安装图如图 3.7 所示。

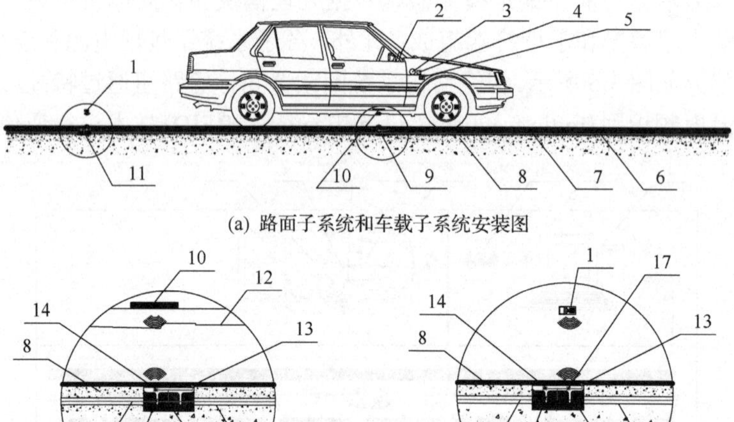

(a) 路面子系统和车载子系统安装图

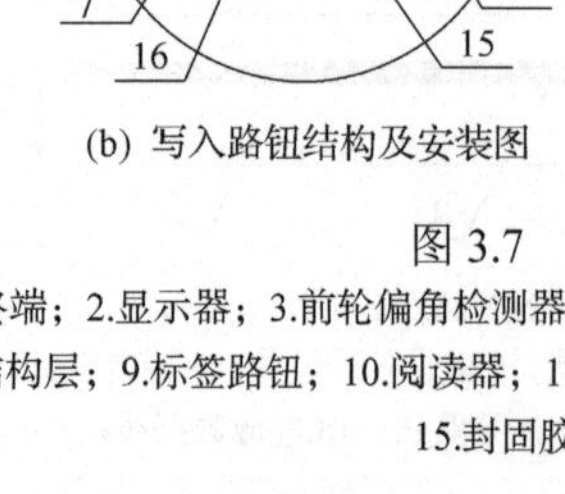

(b) 写入路钮结构及安装图

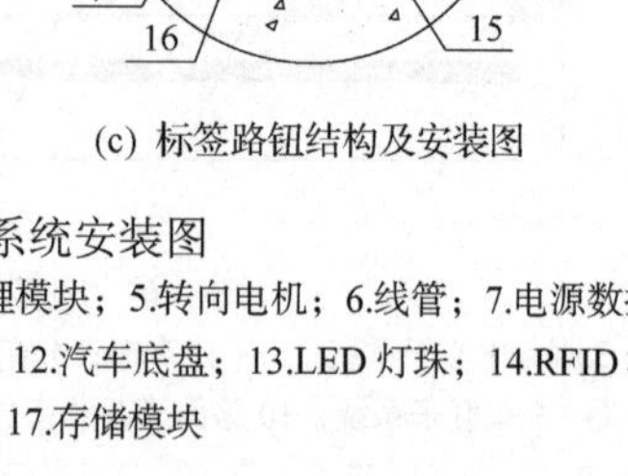

(c) 标签路钮结构及安装图

图 3.7　车速指导系统安装图

1.手持终端；2.显示器；3.前轮偏角检测器；4.数据处理模块；5.转向电机；6.线管；7.电源数据线；8.路面结构层；9.标签路钮；10.阅读器；11.写入路钮；12.汽车底盘；13.LED 灯珠；14.RFID 标签；15.封固胶；16.钉脚；17.存储模块

2) 车载子系统

车载子系统由阅读器、显示器、前轮偏角检测器、数据处理模块和转向电机组成。组成车载子系统的阅读器安装在车辆底部，驾驶员正下方，当车辆在车道正中央行驶时，阅读器位于标签路钮的正上方，此时阅读器与标签路钮距离最近，为车辆最小离地间隙。组成车载子系统的显示器与车载导航系统兼容，车载导航系统地图采用道路设计时的平、纵、横参数。车载子系统显示器能够将从标签路钮读取的坐标信息代替 GPS 坐标信息，从而能够更精确、快速地实现定位，并且显示在从标签路钮读取的平、纵、横参数绘制的地图上。车载子系统的转向电机可与车辆本身电动助力转向系统电机共用。数据处理模块可以读取车辆电子控制单元中驶过第 n–1 个标签路钮时的速度 V_{n-1}(km/h)，还可对阅读器读取的道路线形参数进行处理，得到各点切线方程。道路切线与车身中心线夹角 α 如图 3.8 所示。在第 n–1 个标签路钮处，切线与车身角度为 α_{n-1}(rad)：

$$\begin{cases} \alpha_{n-1} < 0, & \text{道路切线在车身中心线左侧，车辆将向左转弯} \\ \alpha_{n-1} = 0, & \text{道路切线与车身中心线平行，车辆将直行} \\ \alpha_{n-1} > 0, & \text{道路切线在车身中心线右侧，车辆将向右转弯} \end{cases}$$

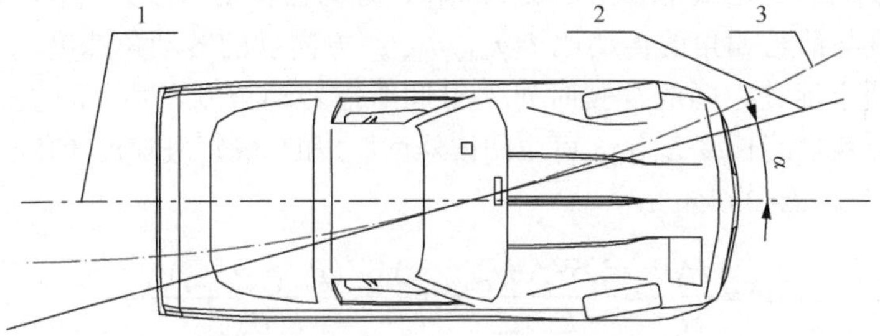

图 3.8　道路切线与车身中心线夹角 α

1.车身中心线；2.车道中心线切线；3.车道中心线

当车辆驶过第 n–1 个标签路钮时，前轮偏角检测器检测得到前轮偏角 β_{n-1}(rad)：

$$\begin{cases} \beta_{n-1} < 0, & \text{车辆沿曲线行驶，向左转弯} \\ \beta_{n-1} = 0, & \text{车辆沿直线行驶} \\ \beta_{n-1} > 0, & \text{车辆沿曲线行驶，向右转弯} \end{cases}$$

车身中心线与转向轮中心线夹角 β 如图 3.9 所示。

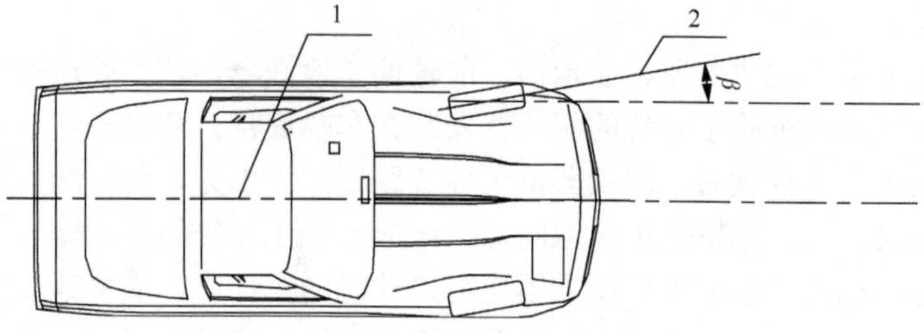

图 3.9　车身中心线与转向轮中心线夹角 β
1.车身中心线；2.转向轮中心线

在行驶过程中，汽车前轮偏角应与道路切线平行，即 $\theta_n=\alpha_n-\beta_n=0$。当车辆驶过第 $n-1$ 个标签路钮时，若 $\theta_{n-1}=\alpha_{n-1}-\beta_{n-1}\neq 0$，则需要转动前轮，使车辆经过第 n 个标签路钮时 $\theta_n=\alpha_n-\beta_n=0$，则转动角度 $\Delta\theta=\theta_n-\theta_{n-1}=(\alpha_n-\beta_n)-(\alpha_{n-1}-\beta_{n-1})=\beta_{n-1}-\alpha_{n-1}$。

$$\begin{cases}\Delta\theta<0,\ \text{需逆时针转动方向盘}\\ \Delta\theta=0,\ \text{保持方向盘角度}\\ \Delta\theta>0,\ \text{需顺时针转动方向盘}\end{cases}$$

若某辆车前轮偏角 β 由 0 变到 $\beta_{\max}$，方向盘转动角度为 $\gamma_{\max}$，则方向盘转动角度与前轮偏角的传动比 $I=\gamma_{\max}/\beta_{\max}$；方向盘的转动角速度 ω(rad/s) 与车辆在两个标签之间的行驶时间 t(s) 和所需转动角度有关，$\omega=I\Delta\theta/t$；而 t 由两个标签之间长度 L_n(m，可由阅读器读取) 和车辆行驶速度 V(km/h) 决定，$t=L_n/3.6V$ (1m/s=3.6km/h)。

$$\omega=\frac{I\Delta\theta}{t}=\frac{3.6V\Delta\theta\gamma_{\max}}{L_n\beta_{\max}}=\frac{3.6V(\beta_{n-1}-\alpha_{n-1})\gamma_{\max}}{L_n\beta_{\max}}$$

因此，车辆在不同线形道路上行驶时，方向盘的转动角速度(ω)就可以确定，于是数据处理模块就可以控制转向电机转动方向盘，使车辆沿标签路钮形成的虚拟轨道行驶。

3) 服务中心子系统

服务中心子系统由服务器和手持终端组成。服务中心子系统服务器管理多条设有智能路钮的道路和众多的车载子系统。服务中心子系统具有路面子系统信息写入和车载子系统地图生成的功能。服务中心子系统服务器可通过导线与路面子系统连接，从而实现标签路钮位置信息和道路线形信息的写入，也可用手持终端实现较偏远地区无有线连接的路面子系统信息的写入。车载子系统通过服务中心子系统手持终端完成车载子系统地图的生成。

4. 虚拟轨道系统使用前景

基于智能路钮的高速公路虚拟轨道系统，其车载子系统数据处理模块能够利用智能路钮存储的道路线形参数和前轮偏角检测器采集的数据以及从车辆电子控制单元读取的速度参数生成前轮转向控制参数，控制转向电机，使车辆自动沿标签路钮形成的虚拟轨道行驶，由于虚拟轨道的约束使汽车行驶安全性显著提高。

由于虚拟轨道系统不需要建设实体轨道，不需要新建道路，只需在原有路面增加路钮系统，因此成本大大降低。使用者也只需在车辆上安装车载子系统即可，使用成本较低，对于已有车载导航系统和电动助力转向系统的汽车，只需要安装带有阅读器和数据处理模块的车载子系统，使用成本更加低廉。

因此，虚拟轨道系统将成为超一级高速公路建设的又一选择。

第 4 章　超高速公路线形安全设计理论

本章首先分析道路平面线形、纵断面线形和横断面线形对交通安全的影响；然后以普通高速公路线形设计理论为基础，以铁路线形设计为参考，对超高速公路平面线形、纵断面线形和横断面线形设计理论进行研究。超高速公路平面线形设计理论研究内容包括平面线形组成、直线长度限制、圆曲线半径确定和缓和曲线长度确定。超高速公路纵断面线形设计理论研究内容包括纵坡度限制、纵坡长限制和竖曲线参数确定。超高速公路横断面线形设计理论研究内容包括横断面组成和直线路段车道宽度等。计算和分析表明，通过采用大半径平面曲线和较平缓纵坡等手段，可以保证超高速公路的安全性。

4.1　超高速公路线形与安全的关系

4.1.1　公路平面线形与交通安全

公路线形设计包括平面线形设计、纵断面线形设计和横断面线形设计。影响交通安全的平面线形参数包括直线长度、曲线半径、缓和曲线参数、弯道超高百分比等。

1. 直线长度

直线是平面线形设计的主要组成部分之一，在各级公路平面设计中广泛使用。两点之间直线距离最短，为了省工、省料，只要地形平坦，没有大的建筑、树木、文物古迹需要避开，选线、定线人员都会首选直线。从汽车行驶特性来分析，汽车在直线上行驶时方向保持不变，受力简单，驾驶员操作方便；从勘测设计角度分析，只需要确定公路上的两点，就能够很方便地测定直线的方向和两点间的距离；从公路美学角度分析，笔直的公路还会给人以整齐、简捷、直达和视野开阔的美好感受。由于直线具有以上优点，公路平面线形设计中直线被广泛采用。

虽然直线具有诸多优点，但也有致命的缺点。首先，长直线容易引起驾驶员精神松弛，麻痹大意，造成交通事故；其次，直线笔直且单调，使驾驶员长时间保持一种驾驶姿态，容易引起驾驶疲劳，从而反应迟钝；第三，在直线路段，驾驶员难以估计迎面驶来车辆的距离和速度；第四，在长直线路段行驶时，由于路况过于简单，容易引起超速；第五，夜间车辆在长直线路段行驶时，车辆与对向来车产生眩光将会严重影响行车安全。因此，无论从人的因素还是从车的因素考虑，在公路平面线形设计中应对直线的长度进行限制。

我国《公路工程技术标准》(JTG B01—2014)规定，进行公路平面线形设计时，直线的最大长度不得超过 20V。其中，设计速度 V 的单位为 km/h，计算得到直线最大长度单位为 m。直线的最大长度为 20V，即仅允许驾驶员在不转动方向盘的条件下，以设计速度单调行驶 72s(1m/s=3.6km/h)。也有抽样调查研究发现，有些驾驶员在单调驾驶 40～50s 以后，就可能产生精神松弛，麻痹大意，如打电话、聊天、抽烟等。因此，交通安全研究人员认为《公路工程技术标准》(JTG B01—2014)规定的 20V 的长度限制不够严格，应取 50s 单调行驶的距离计算，即约 14V。此外，直线最大长度限制还应该从驾驶员驾驶视觉心理特征、地理环境特征、交通环境特征和大脑处理信息的过程及经过调查的各种直线长度对应的交通事故率来验证其合理性。

平面线形设计不但要对直线长度进行限制，还需要对直线与其他线形的组合进行优化。大量研究表明，直线与圆曲线、缓和曲线进行合理组合，形成平缓顺滑的良好整体线形，能够显著提高公路的驾驶舒适性和安全性。此外，公路直线段的数量也需要严格控制，国外高速公路平面线形以圆曲线和回旋线为主。例如，日本东京高速公路直线段长度仅占总里程的 4%，罗马尼亚高速公路直线段长度甚至仅占总里程的 3%。

进行公路平面线形设计时，若在同向曲线之间插入过短的直线段，容易引起视觉混淆，把直线和直线两端的同向曲线看成反向曲线，甚至把两条曲线及短直线看成是一条曲线。这种线形组合不但破坏了公路整体线形的一致性和连续性，而且容易造成驾驶员判断和操作的失误。在反向曲线之间，如果没有插入缓和曲线，因设置弯道超高和加宽缓和段的需要，以及驾驶员转向操作的需要，也应该增加一定长度的直线作为加宽或超高过渡段，该直线也容易引起视觉混淆，因此有必要对直线的最小长度进行限制。

2. 曲线半径

行驶在曲线路段上的车辆受离心力作用，离心力指向行车道外侧，离心力和与离心力方向相同的汽车重力分力是影响车辆行驶稳定性的横向力，该横向力与汽车重力的比值为横向力系数，它反映不同重量车辆的稳定程度。

离心力容易引起汽车向外侧滑移或倾覆，因此要求轮胎与路面之间所能提供的横向附着系数高于横向力系数。

由力学平衡推出下列公式[122]：

$$\mu = \frac{v^2}{127R} - i_h \leqslant \varphi_h \quad \Rightarrow \quad R \geqslant \frac{v^2}{127(\varphi_h - i_h)} \tag{4.1}$$

式中：R 为平曲线半径，m；v 为行驶速度，km/h；i_h 为横向超高坡度，%；φ_h 为横向附着系数；μ 为横向力系数。

当横向附着系数 φ_h 大于等于横向力系数 μ 时，车辆是安全的，否则车辆会出现侧翻。同时，为了使车辆稳定、容易操纵、乘坐舒适，燃油消耗和轮胎磨损不至于增加太多，应该尽量选择较大的平曲线半径 R。

平曲线半径与交通事故有着密切的关系，平曲线半径越小，越容易造成侧滑或侧翻。因此，在条件允许的情况下，平曲线都应采用较大的半径。英国科学家的调查研究也表明，平面曲线曲率越大，交通事故率越高，特别是曲率大于 10 时，引起的交通事故率更是急剧增加，见表 4.1。

表 4.1　平面曲线曲率与交通事故率之间的关系

曲率	0～1.9	2～3.9	4～5.9	6～9.9	10～14.9	＞15
事故率/[次/(10^5veh · km)]	1.62	1.86	2.17	2.36	8.45	9.26

3. 缓和曲线

缓和曲线的主要作用有以下几点：

(1)汽车在缓和曲线上行驶时，离心加速度是逐渐变化的，因此汽车从一条曲线行驶到另一条曲线的过程中，人体对离心加速度的感受也是逐渐变化的，从而能够减轻人体感受到离心加速度急剧变化时产生的不适。

(2)汽车在直线上行驶时，转向轮与直线平行，而在曲线上行驶时，转向轮与曲线的切线平行。车辆由直线进入曲线或由曲线进入直线行驶时，车辆转向轮方向不可能瞬时变化，因此需要设置缓和曲线。

(3)因为缓和曲线的曲率是逐渐变化的，可使车辆行驶轨迹及路线顺畅，达到良好的视觉效果。

(4)缓和曲线还可用于弯道超高变化的过渡段。

缓和曲线有多种形式，如回旋线、三次抛物线、七次四项式型、半波正弦型、一波正弦型、双纽线、多心复曲线等，应该根据线形变化选用合适的形式。回旋线是国内外公路平面设计中最常用的一种缓和曲线。我国公路设计人员一般也采用回旋线作为缓和曲线。回旋线在数学上有多种叫法，如欧拉曲线、阿基米德螺旋线都是指回旋线。回旋线的曲率与曲线的长度成正比，这一特性恰好与驾驶员匀速转动方向盘，车辆以一定的速度行驶的轨迹相符。

回旋线的曲率是按照一定规律变化的，回旋线上任意一点的曲率半径与该点至曲线起点的曲线长度的乘积是固定常数，即

$$\rho l = C \tag{4.2}$$

式中：C 为回旋线常数，m^2，表示回旋线曲率半径变化速度的量；ρ 为回旋线上任一点的曲率半径，m；l 为回旋线上任意一点到曲线起点的曲线长度，m。

为了设计时计算方便，一般用 A^2 值来代替回旋线常数 C，则其基本表达式为

$$\rho l = A^2 \quad 或 \quad \sqrt{\rho l} = A \tag{4.3}$$

式中：A 为回旋线参数，m。

回旋线参数 A 与圆曲线半径的单位一致，均为长度单位。因此，在设计回旋线时，就可以像选择圆曲线半径那样选择回旋线参数 A。曲线半径 R 值能够决定圆的大小，回旋线参数 A 值能够决定回旋线曲率变化的快慢。

由式(4.3)可知，当回旋线上任意一点到曲线起点的曲线长度 l 确定时，参数 A 越大，该点曲率半径也越大，即缓和曲线的曲率变化越缓慢。此时，驾驶员会觉得公路间线形变化柔顺，连接自然，操作也更方便。反之，A 越小，越不便于驾驶员操作，越容易引起交通事故。因此，在平面线形设计时，在地理条件允许的条件下，应该尽量选用较大的回旋线参数 A。

在进行缓和曲线设计的过程中，考虑回旋线参数的同时，还要保证缓和曲线有足够的长度，以便驾驶员从容地转动方向盘。根据国外的调查研究和我国的设计经验，回旋线的长度一般要满足 3s 时间行驶的距离。这样也能同时保证乘客感觉舒适，线形流畅，满足超高和加宽过渡的要求。

4.1.2　公路纵断面线形与交通安全

影响公路交通安全的纵断面线形因素主要包括纵坡坡度、竖曲线半径、竖曲线与直线的连接方式等。

1. 纵坡坡度对交通安全的影响

据国内外调查研究分析表明，坡度越陡发生交通事故的概率越高。平原地区的交通事故率远低于丘陵地区和重丘地区，例如，平原地区交通事故率仅为 6% 左右，而丘陵地区为 18% 左右，重丘陵地区甚至达到 25% 以上[123]。在较陡的上下坡路段，公路交通事故的类型主要有以下三种：

⑴ 下坡行驶的汽车冲出路基，或者与上坡超车的迎面来车相撞，该类型的事故占较大纵坡路段道路交通事故总数的 24%。

⑵ 在持久下坡的情况下，行驶速度过快导致事故，该类型的事故占 40%。

⑶ 在绕过路边的障碍物行驶时，与对面来车相撞，该类型的事故占 18%。

上坡道上的事故特征点，主要分布在上坡道凸形竖曲线顶部，原因是视距不足；下坡道上的事故特征点，主要分布在纵断面凹形曲线的底部，原因是到达底部时行驶速度最快。

对国内统计资料进行分析再次表明，公路纵坡坡度越大，发生交通事故的概率就越高，当纵坡坡度达到 6% 时，交通事故发生的概率急剧上升，达到 10 次/(10^6veh · km)，如图 4.1 所示。

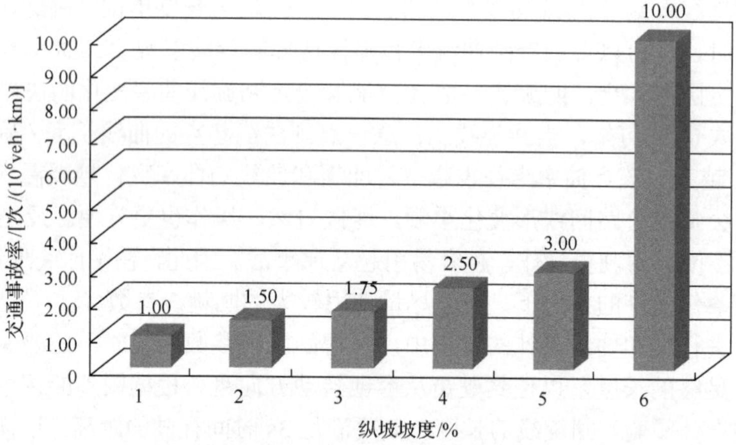

图 4.1　纵坡坡度与道路交通事故率的关系

2. 竖曲线对交通安全的影响

设置竖曲线的目的主要是完成变坡点坡度变化的过渡，竖曲线半径的大小直接决定变坡点的过渡效果。竖曲线对于道路交通安全行车的主要影响体现在以下几个方面[124]：

1) 对行车视距的影响

上坡时，在小半径凸曲线的顶部，驾驶员视线容易被地面遮挡，很难发现对向来车，会引起驾驶员紧张，也极易引起交通事故。竖曲线半径越大，坡度变化越平缓，所能提供的行车视距也就越大，因此一般情况下都应根据地形条件尽量选取最大竖曲线半径值。

下坡时，在小半径凹曲线的底部，驾驶员视线容易被立交桥等公路上跨构筑物遮挡，也很难发现对向来车，极易引起交通事故。同样应根据地形条件尽量选取最大竖曲线半径值。

此外，小半径竖曲线还容易造成平纵曲线组合不合理而使视距不连续，特别是在凸曲线顶部，会引起驾驶员产生“悬空”的感觉，从而无法判断行驶方向。

2) 对离心力的影响

当车辆行驶到小半径凸形曲线顶部时，车辆会存在失重现象，引起驾乘人员产生不安全感，同时轮胎与地面附着力变小，也会影响交通安全。

当车辆行驶到小半径凹形曲线底部时，车辆会存在超重现象，也会引起驾乘人员产生不安全感，同时轮胎与地面的压力变大，增大车辆爆胎的可能性。

统计数据分析结果表明，交通事故率总体上随竖曲线半径的减小而增加，并且在相同的竖曲线半径条件下，凸形竖曲线上的交通事故率明显高于凹形竖曲线。因此，在竖曲线设计时，不但要尽量选用较大半径的竖曲线，还要特别注意凸形竖曲线对交通安全的影响。统计数据分析结果还表明，平曲线与竖曲线相组合的路段，交通事故率明显高于单一的平曲线路段和竖曲线路段，因此，在做平曲线和竖曲线组合设计时，也要充分考虑竖曲线半径。

在进行竖曲线设计时，不但要尽量选用较大的竖曲线半径，还要对竖曲线的最小长度进行限制。当纵坡坡度差很小时，通过计算得到的竖曲线长度一般较短，这种曲线不但会影响舒适感和线形美观，行车时还会使驾驶员有一种急促的曲折感。国内外研究结果表明，为了舒适、美观和安全操控的需要，竖曲线的最小长度须大于汽车 3s 行驶的距离。

除竖曲线的半径和长度影响交通安全外，竖曲线的位置有时也会影响交通安全。我国《公路工程技术标准》(JTG B01—2014) 规定，特殊条件下无法使用较大半径竖曲线时，小半径竖曲线设置的位置必须考虑对交通安全的影响。除了需要考虑平纵线形组合外，还严禁将立交、桥梁、隧道的起点或终点作为小半径竖曲线的起点或终点。为了不影响行车安全，《公路工程技术标准》(JTG B01—2014)还禁止把小半径竖曲线设置在居民区、平面交叉口等交通状况复杂的路段。

4.1.3 公路横断面线形与交通安全

影响公路交通安全的横断面要素包括行车道宽度、路肩宽度、边坡类型、边坡坡度和中间带宽度等。我国高速公路的技术标准是与高速公路建设相辅相成，彼此相长的。高速公路建设为技术标准提供实践论证，技术标准为高速公路建设提供技术指导和质量保证。我国公路工程专家在研究国外公路工程相关技术标准的基础上，于 1951 年 9 月颁布了《公路工程设计准则(草案)》，这是我国颁布的第一部公路工程相关技术标准。该标准在颁布后长达 60 余年的时间内，经过了 8 次修订(表 2.3)，《公路工程技术标准》(JTJ 01—1988)中首次出现高速公路。此后在 1997 年、2003 年和 2014 年又进行了三次修订，高速公路设计参数也在逐步优化，目前执行的是《公路工程技术标准》(JTG B01—2014)。我国幅员辽阔，地形地貌复杂，可利用的土地资源匮乏，与国外公路工程相关技术标准相比，我国标准更加注重减少占地、降低造价的因素，因此部分公路技术参数指标偏低。

1. 车道宽度

为了保证交通安全和行驶顺畅，公路工程相关标准根据交通流组成和设计速度确定了各种车辆以不同速度行驶时所需要的宽度。例如，《公路工程技术标准》(JTG B01—2014)和《公路路线设计规范》(JTG D20—2017)中，根据设计速度确定的相应的车道宽度见表 4.2。

表 4.2 公路车道宽度

设计速度/(km/h)	120	100	80	60	40	30	20
车道宽度/m	3.75	3.75	3.75	3.50	3.50	3.25	3.00

注：1)设计速度为 20km/h 且为单车道时，车道宽度应采用 3.50m；2)高速公路为八车道时，内侧车道宽度可采用 3.50m。

美国交通安全专家豪尔研究了关于车道宽度与驾驶安全的关系，在其著作《车道宽度和交通安全：交互式公路安全审查》中，总结了 1950 年以来，美国关于车道宽度与道路交通安全的研究成果。研究结果表明，当车道宽度发生变化时，与交通安全相关的许多重要因素也会随之发生变化，因此，仅研究车道宽度与交通安全的关系，无法轻易得到想要的结论。研究结果还表明，公路交通安全系数并不能随车道宽度的增加而一直增加。例如，当车道宽度增大到超过 11ft(3.55m)时，交通安全系数并没有随之增加。相反，当车道宽度增加到超过 12ft(3.66m)时，交通安全系数却降低了。这是因为当车道宽度大于 12in 时，车辆行驶的自由度大大增加，驾驶员放松警惕，更容易发生交通事故。

2. 路肩宽度

公路路肩一般包括硬路肩和土路肩，是公路横断面结构的重要组成部分。公路路肩不但具有保护行车道结构稳定性、保证行车道横向宽度等功能，还可作为公路养护工作场地以及车辆紧急停车的场地。对于低等级公路，路肩还可供行人和非机动车通行。我国早期规范过于注重节约土地和降低建设成本，因此我国早期建设的高速公路右侧路肩带一般比较狭窄，大部分不超过 3m，左侧路肩带更窄，只有 0.5～0.8m。狭窄的高速公路路肩不但不利于行车安全，在遇到紧急情况时，也不能满足临时停车的需要，若需临时停放车辆，就不得不占用行车道，容易造成极大的安全隐患。表 4.3 为中国和美国高速公路路肩宽度设置对比。

表 4.3 中国和美国高速公路路肩宽度比较

<table>
<tr><td colspan="2" rowspan="2">设计速度/(km/h)</td><td colspan="3">中国</td><td rowspan="2">美国</td></tr>
<tr><td>120</td><td>100</td><td>80</td></tr>
<tr><td rowspan="2">右侧硬路肩宽度/m</td><td>一般值</td><td>3.00 或 3.50</td><td>3.00</td><td>2.00</td><td rowspan="4">≥3.048</td></tr>
<tr><td>最小值</td><td>3.00</td><td>2.50</td><td>1.50</td></tr>
<tr><td rowspan="2">右侧土路肩宽度/m</td><td>一般值</td><td>0.75</td><td>0.75</td><td>0.75</td></tr>
<tr><td>最小值</td><td>0.75</td><td>0.75</td><td>0.75</td></tr>
<tr><td rowspan="2">分离式左侧路肩宽度/m</td><td>硬路肩</td><td>1.25</td><td>1.00</td><td>0.75</td><td rowspan="2">1.22～2.44(4 车道)；
≥3.048，最好 3.66(6 车道以上)</td></tr>
<tr><td>土路肩</td><td>0.75</td><td>0.75</td><td>0.75</td></tr>
</table>

3. 边坡类型

我国高速公路高填路基、深挖路堑、半挖半填路基占到高速公路里程的 65%～70%，因此各类型边坡被广泛使用。一般来说，边坡坡度越小越安全，也越方便养护，但是边坡坡度越小，相同高度的路基形成的边坡就越长，这样不但占地多，而且还会大大增加工程量。因此，确定合理的边坡坡度是规范制定者和公路设计者需要考虑的重要内容。美国各州公路和运输工作者协会对公路边坡与公路安全的关系进行了大量研究，并于 2002 出版了公路《路侧安全设计指南》，指南中将路堤边坡划分为三类，即可返回边坡、可穿越边坡和不可穿越边坡。我国相关规范也对路侧边坡安全性作了相应的规定，表 4.4 为中国和美国路侧边坡安全性评价指标对比。

表 4.4　中国和美国路侧边坡安全性评价指标对比

对比项目	可返回边坡	可穿越边坡	不可穿越边坡
《中国公路项目安全性评价指南》	缓于 1∶6	1∶3.5～1∶6	陡于 1∶3.5
《美国路侧设计指南》	缓于 1∶4	1∶3～1∶4	陡于 1∶3

如我国某高速公路边坡为 1∶2，属于不可穿越边坡，不能作为有效安全净区，但是并没有对其进行全线防护，是潜在的安全隐患[125]。

我国 20 世纪 90 年代修建的大部分高速公路边坡都陡于 1∶3.5。车辆从边坡坡度大的高路堤上或半填半挖路段填方一侧驶出时，事故类型接近于坠落，对于此类边坡坡度较大的高路堤应该设置强度较大的安全护栏。而对于深挖路堑或半填半挖路段挖方一侧，边坡坡度过大时，事故类型接近碰撞，对于此类边坡，还应该设置过渡边坡，即在坡底设置较平缓的边坡，稍高处设置较陡的边坡，同时考虑边坡上方落石对行车安全的影响，应设置缓台或者护网。

4.1.4　线形组合与交通安全

公路交通事故的发生往往不是由某一个原因引起的，而是由多种原因的共同作用导致的。在进行平、纵、横线形设计时，均考虑了交通安全性、舒适性和驾驶员视觉特性，但是将不同线形组合后不一定满足以上特性要求。因此，在平、纵、横线形组合时，还需要综合考虑平、纵、横线形设计的因素对交通安全的影响。目前，公路交通事故主要发生在平曲线路段，特别是竖曲线路段和平竖曲线结合路段，这主要是由平、纵线形组合不合理造成的。因为驾驶员在平、纵线形不合理的路段上行车时，视觉和心理容易产生错觉等障碍，同时线形也可能不满足车辆行驶时的受力要求。

平、纵线形的组合设计是线形设计的重要内容，也是线形设计的关键。公路线形设计包括路线走向规划，勘测选线，平面线形设计，纵断面线形设计和平、纵组合设计五个阶段，最后以平、纵组合的三维立体线形展现在驾乘人员视线内。若仅按平面、纵断面线形标准分别进行设计，而未将其综合起来考虑，最终不可能得到满足安全、舒适、美观的设计。因此，在线形设计中，必须注重平、纵线形的组合设计。平、纵线形的组合设计不但要满足汽车运动学和力学要求，还要满足驾驶员视觉和心理方面对连续性和舒适性的要求，以及与周边环境的协调性要求。

平面线形与纵面线形相组合时，除满足技术规范相关指标外，还要借鉴国内外线形设计的经验，从驾驶员自然视觉诱导的角度考虑，达到最大限度地降低或预防交通事故的目的。

平曲线与纵坡组合、竖曲线与平直线组合及混合曲线是平、纵线形组合的几种典型案例。

1) 平曲线与纵坡组合

平曲线是道路设计的基本要素，大致可分为三类：大半径平曲线、中等半径平曲线和小半径平曲线。大半径平曲线可以用来替代直线，中等半径平曲线用于正常路段，小半径平曲线设在交叉处。

平曲线与纵坡组合线形是平面有曲线，纵面有纵坡，易形成富于变化的道路景观，大半径平曲线可以为驾驶员提供对道路和交通的良好视角，并且很容易与其他道路元素进行连接。

小半径平曲线与纵坡的组合有诸多缺陷，需要克服，例如，很难定位交叉点；需要设置超高，且很难实施，当必须设置排水设施时，会导致费用增加；曲线内侧的交通工程设施会引起安全问题；会使道路通行能力受到影响；当曲线只有一小部分能被看到时，驾驶员很难判断曲线半径和长度。因此，在平曲线设计时，应尽量避免使用小半径平曲线。

2) 竖曲线与平直线组合

凹形竖曲线与平直线的组合将会提供较好的前方可视性，但是在平直线中应用短的凹形竖曲线将会导致路面的弯曲，应尽量避免。凹形竖曲线应用在地下通道处可以提供比较理想的净空高度。

平直线与凸形竖曲线的组合将会限制前方的可视性，因此所需视距决定了凸形竖曲线半径的大小。在地形地貌变化频繁的地段，使用平直线与凸形竖曲线的组合时，应该特别注意视距问题。

3) 混合曲线

混合曲线是指平曲线和竖曲线的组合，组成混合曲线的竖曲线既可以是凸形竖曲线，也可以是凹形竖曲线。

由凹形竖曲线组成的混合曲线有良好的视距，其他的基本要素可与其有较好的连接。如果平曲线半径较小，则其容易被驾驶员高估而引发危险，所以设计时尽量选择较大的平曲线半径。

由凸形竖曲线组成的混合曲线前方的可视性会受到限制，当竖曲线半径过小时，可视性受限制更加明显。凸形竖曲线也不能与两个反向平曲线进行组合，否则会引起车辆的运动状态频繁变化，引起驾乘人员的不适，同时影响安全和美观，在设计和施工中也存在困难。但是根据经验，当视距满足要求时，凹形竖曲线可与两个反向平曲线进行组合。

除以上三种组合需要特别注意外，还应注意保证竖曲线有足够的长度，同向竖曲线之间不能插入短直线，长直坡坡底不能与小半径平曲线组合，竖曲线的顶、底部不能插入小半径的平曲线等，否则都可能给驾驶安全带来隐患。

4.2 超高速公路平面线形设计理论

4.2.1 超高速公路平面线形组成

超高速公路线形设计理论以普通高速公路线形设计理论为基础，以铁路线形设计为参考，主要对超高速公路平面线形、纵断面线形和横断面线形进行研究。

汽车在行驶过程中，转向轮所在平面与车身纵轴之间的夹角称为前轮偏角。前轮偏角为 0 时汽车行驶轨迹为直线；前轮偏角为常数时，汽车行驶轨迹为圆曲线；前轮偏角变化时，汽车行驶轨迹为缓和曲线。汽车转弯时，前轮偏角角度接近匀速变化，此时汽车行驶轨迹为回旋线，因此常用回旋线作为缓和曲线。

直线、圆曲线和缓和曲线是超高速公路平面线形设计的三大基本要素。但不是所有道路平面线形设计三大基本要素都缺一不可。例如，四级公路和山岭重丘地区特别困难路段的三级公路，为了简化设计和施工方便，可只采用直线和圆曲线两种要素。目前因为高速公路均采用大半径平曲线，与直线连接时也可不用缓和曲线。

1) 直线

直线的曲率半径为无穷大，曲率为 0，直线路段如图 4.2 所示。

图 4.2　直线路段

2) 圆曲线

圆曲线曲率半径为常数，曲率为常数，圆曲线路段如图 4.3 所示。

图 4.3　圆曲线路段

3) 缓和曲线

缓和曲线曲率半径和曲率均为变量，回旋线、双纽线、三次抛物线、半波正弦型、一波正弦型、多心复曲线均可用作缓和曲线。由于汽车转弯时前轮转角变化接近匀速，因此常用回旋线作为缓和曲线。缓和曲线路段如图 4.4 所示。

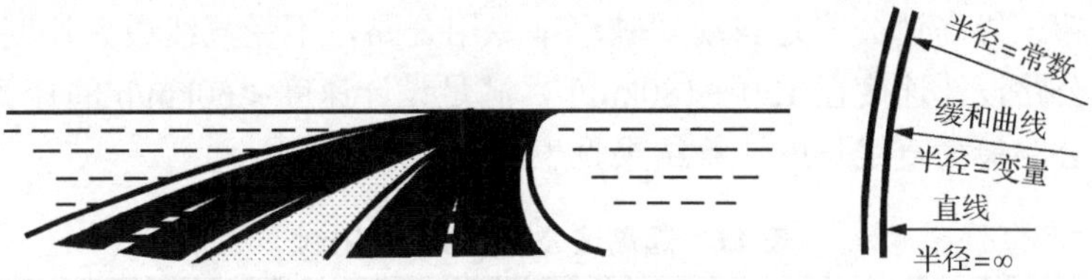

图 4.4　缓和曲线路段

超高速公路的平面线形组成和普通高速公路基本相同，也是由上述三种基本几何线形合理组合而构成的，因此直线、圆曲线和缓和曲线也是超高速公路平面线形三要素。普通高速公路平面线形各要素所占比例及使用频率并无统一规定，各要素使用合理、配置得当，即可满足汽车行驶要求。超高速公路设计速度和线形等级远高于普通高速公路，均取较大的圆曲线半径。汽车在大半径圆曲线上行驶时，前轮偏角较小，汽车由圆曲线行驶到直线或由直线行驶到圆曲线或由一条圆曲线行驶到另一条同向圆曲线时，前轮偏角都不需要太大的调整，均可不设缓和曲线。但是汽车由一条圆曲线行驶到另一条反向圆曲线时，必须设置缓和曲线。

4.2.2　直线长度限制

1. 直线最大长度

在传统高速公路设计中，直线被广泛运用，但是长直线线形大多数情况下难与地物、地形相协调、吻合。如果直线长度应用不当，过长或过短，不但会影响行车安全，还会破坏公路整体线形的连续性。

在应用直线时，需要对直线的最大长度进行限制。国外的研究表明，当公路设计速度≥60km/h 时，直线路段的最大长度不超过汽车以设计速度行驶 70s 左右的距离，即相当于设计速度 V 的 20 倍。据此计算普通公路直线长度的最大值见表 4.5[126, 127]。

表 4.5　普通公路直线长度参考值

设计速度/(km/h)		120	100	80	60	40
最大长度/m		2400	2000	1600	1200	800
最小长度/m	同向曲线间	720	600	480	360	240
	反向曲线间	240	200	160	120	80

超一级高速公路和超二级高速公路由驾驶员参与驾驶，因此需考虑以上因素，超三级高速公路是自动驾驶汽车专用公路，不受直线最大长度限制。超高速公路设计速度在 120～180km/h，满足设计速度≥60km/h 的计算条件。超高速公路最大直线长度计算结果见表 4.6。

表 4.6　超高速公路直线长度限制

设计速度/(km/h)		超三级			超二级			超一级		
		180	160	140	160	140	120	140	120	100
最大长度/m		—	—	—	3200	2800	2400	2800	2400	2000
最小长度/m	同向曲线间	1080	960	840	960	840	720	840	720	600
	反向曲线间	360	320	280	320	280	240	280	240	200

2. 直线最小长度

1) 同向曲线间直线的最小长度

同向曲线之间插入的直线段过短时，在视觉上容易把两段曲线看成一段曲线。这种线形组合不但破坏了公路平面线形的整体性和连续性，而且容易引起驾驶员操作失误，在设计中应尽量避免[128]。因此需要对同向曲线间直线的最小长度加以限制，使前方相邻曲线在驾驶员的视距以外以避免上述缺点。我国《公路工程技术标准》(JTG B01—2014) 和《公路路线设计规范》(JTG D20—2017) 推荐同向曲线间直线的最小长度(以 m 计)大于设计速度(以 km/h 计)

的 6 倍，见表 4.6。

规范同时要求，直线长度限制在车速较高（$V \geq 60$km/h）的公路上宜尽可能保证，车速越高越应该保证。超一级高速公路和超二级高速公路设计速度均大于 120km/h，且均需驾驶员参与驾驶，因此必须保证同向曲线间的直线最小长度大于设计车速的 6 倍。超三级高速公路是自动驾驶汽车专用公路，不受同向曲线间直线最小长度限制。超高速公路同向曲线间直线最小长度计算结果见表 4.6。

2）反向曲线间直线的最小长度

在进行平面线形设计时，反向曲线之间如果没有缓和曲线，为了满足设置超高和加宽缓和段的要求，应插入一定长度的直线作为车道加宽或弯道超高变化的过渡段。我国《公路工程技术标准》（JTG B01—2014）和《公路路线设计规范》（JTG D20—2017）规定，反向曲线间插入的直线的最小长度（以 m 计）需大于设计速度（以 km/h 计）的 2 倍，见表 4.6。各级超高速公路反向曲线间插入的直线最小长度计算结果见表 4.6。

铁路列车遇到弯道依靠轮轨导向转弯，驾驶员无须转动方向盘，不会因为长直线行驶导致驾驶员注意力不集中而偏离方向，因此铁路平面线形设计对直线最大长度没有限制。铁路相关规范只对直线的最短长度进行了限制。《高速铁路设计规范》（TB 10621—2014）规定，相邻两曲线间插入的直线最小长度 L（单位：m），一般条件下大于设计速度 V（单位：km/h）的 80%，困难条件下直线最小长度 L 大于设计速度 V 的 60%。据此计算组成高速铁路平面线形的直线最小长度见表 4.7。

表 4.7　高速铁路直线最小长度

设计速度/(km/h)	350	300	250
直线最小长度/m	280(210)	240(180)	200(150)

注：括号内为困难条件下采用的最小值。

4.2.3　圆曲线半径确定

1. 汽车水平受力分析

汽车沿圆曲线行驶时，除受重力外，还受到离心力的作用。离心力使汽车可能产生两种导致行车不稳定的潜在危险：第一，汽车可能向圆曲线外侧水平滑移；第二，汽车可能向圆曲线外侧倾覆。但是由于现代汽车的制造标准都尽量降低车辆重心，倾覆的危险很小，并且倾覆出现在滑移之后，因此只需要限制滑移即可[129]。

由图 4.5 可以看出，汽车在平曲线上行驶所产生的横向力 Y 为

$$Y = C\cos\beta \pm G_a \sin\omega$$

通常 ω 很小，则 $\cos\omega \approx 1$，$\sin\omega \approx \tan\beta = i_0$

$$Y = C \pm G_a i_0 \tag{4.4}$$

式中：C 为离心力，N；G_a 为车辆受到的重力，N；i_0 为路面横向坡度，%；β 为道路横坡角，(°)。

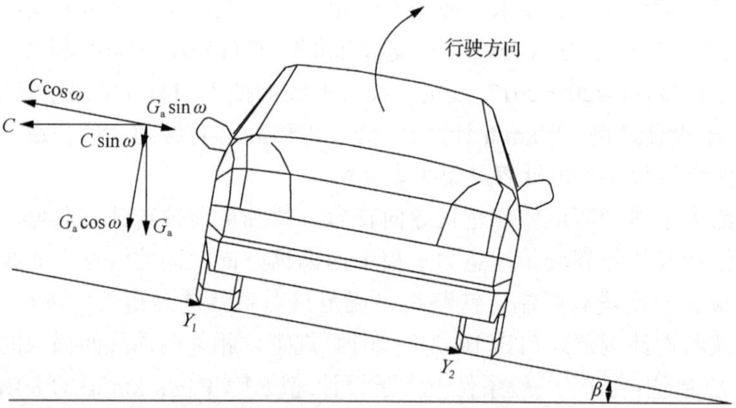

图 4.5　汽车在横坡道上行驶时的受力

式(4.4)中的“±”，“+”表示汽车在未设超高的双坡路面外侧行驶，此时汽车重力和离心力在水平方向上的分力相同；“−”则与上述相反，表示汽车在未设超高的双坡路面内侧行驶。

离心力 C 由式(4.5)计算：

$$C = \frac{G_a}{g} \cdot \frac{v^2}{R} \tag{4.5}$$

式中：v 为汽车行驶速度，m/s；g 为重力加速度，m/s^2；R 为道路平曲线半径，m。

将 C 的计算式代入式(4.4)，则

$$Y = \frac{G_a v^2}{gR} \pm G_a i_0 = G_a\left(\frac{v^2}{gR} \pm i_0\right)$$

横向力 Y 与车重的比值称为横向力系数 μ [130]，即

$$\mu = \frac{Y}{G_{\mathrm{a}}} = \frac{v^2}{gR} \pm i_0 \tag{4.6}$$

汽车横向稳定性不取决于 Y 的绝对值，而决定于汽车单位质量的相对横向力。

由式(4.6)可得

$$R = \frac{v^2}{g(\mu \pm i_0)} \tag{4.7}$$

通过受力分析，推导保证不出现滑移的圆曲线半径为

$$R = \frac{V^2}{127(\mu \pm i)} \tag{4.8}$$

式中：V 为设计速度，km/h；μ 为横向力系数；i 为路面横向坡度，当车辆行驶在曲线内侧时取“+”，外侧时取“−”。

在超高速公路等级确定后，设计速度为一定值，圆曲线半径 R 仅与横向力系数 μ 和路面横向坡度 i 有关。

2. 圆曲线一般最小半径

为了保证汽车在圆曲线上以设计速度或以接近设计速度行驶时旅客的舒适性和安全性，同时保证在地形地貌比较复杂的条件下，工程量和建设成本不会明显增加，参照欧美和国内使用经验[131]，采用了表 4.8 所列的 μ 和 i 值代入式(4.8)计算，将计算结果以 50 的倍数向上取整，得到各级超高速公路圆曲线的一般最小半径 $R_{\min}$，见表 4.8。

表 4.8　超高速公路圆曲线一般最小半径

设计速度/(km/h)	超三级			超二级			超一级		
	180	160	140	160	140	120	140	120	100
横向力系数 μ/%	4	4	5	4	5	5	5	5	5
路面横向坡度 i/%	5	5	6	5	6	6	6	6	6
$R_{\min}$/m	2350	1850	1450	1850	1450	1050	1450	1000	700

3. 圆曲线极限最小半径

根据式(4.8)，保证车辆不出现侧滑时，μ 取极限最大值、路面横向坡度 i 取最大超高率时得

$$R_{\min} = \frac{V^2}{127(\mu_{\max} \pm i_{\text{hmax}})} \tag{4.9}$$

式中：V 为设计速度，km/h；$\mu_{\max}$ 为允许采用的最大横向力系数；i_{hmax} 为最大超高率。

根据以上计算公式，《公路工程技术标准》(JTG B01—2014)给出了不同最大超高的圆曲线极限最小半径见表 4.9。

表 4.9　普通公路圆曲线极限最小半径

设计速度/(km/h)		120	100	80	60	40	30	20
$R_{\min}$/m	i_{hmax}=10%	570	360	220	115	—	—	—
	i_{hmax}=8%	650	400	250	125	55	30	15
	i_{hmax}=6%	710	440	270	135	60	35	15
	i_{hmax}=4%	810	500	300	150	65	40	20

根据以上分析，在计算超高速公路圆曲线极限最小半径时，所采用横向力系数和超高值及据此计算得到的极限最小半径见表 4.10。

表 4.10　超高速公路圆曲线极限最小半径

设计速度/(km/h)		超三级			超二级			超一级		
		180	160	140	160	140	120	140	120	100
横向力系数 μ/%		8	8	10	8	10	10	10	10	10
$R_{\min}$/m	i_{hmax}=6 %	1850	1450	1000	1450	1000	750	1000	750	500
	i_{hmax}=8 %	1600	1300	900	1300	900	650	900	650	450
	i_{hmax}=10%	1450	1150	800	1150	800	600	800	600	400

注：计算结果按 50 的倍数向上取整。

4. 不设超高的圆曲线最小半径

当圆曲线半径大于一定数值时，可以不设超高，允许设置与直线路段相同的路拱横坡，考虑到行驶的舒适性，应把横向力系数控制到最小值。《公路路线设计规范》(JTG D20—2017)规定，横向力系数在 0.035～0.050 取值。

因不设置超高，弯道上采用的是双向路拱横坡形式，根据汽车在弯道行驶时的受力分析，汽车在弯道外侧行驶是最不利的情况，路拱横坡 $i=i_0$，故按式(4.8)可得

$$R_{\min不设}=\frac{V^2}{127(\mu \pm i_0)} \tag{4.10}$$

式中：$R_{\min不设}$ 为不设超高的圆曲线最小半径，m；i_0 为路拱横坡，取 0.015～0.025。

根据以上计算公式，《公路工程技术标准》(JTG B01—2014)给出了不设超高的圆曲线最小半径，见表 4.11。

表 4.11　普通公路不设超高的圆曲线最小半径

设计速度/(km/h)		120	100	80	60	40	30	20
$R_{\min不设}$ /m	$i_0 \leqslant 2\%$	5500	4000	2500	1500	600	350	150
	$i_0 > 2\%$	7500	5250	3350	1900	800	450	200

按式(4.10)计算并将结果取整后得到超高速公路不设超高的圆曲线最小半径，见表 4.12。

表 4.12　超高速公路不设超高的圆曲线最小半径

设计速度/(km/h)		超三级			超二级			超一级		
		180	160	140	160	140	120	140	120	100
横向力系数 μ/%		4.5	4.5	5.0	4.5	5.0	5.0	5.0	5.0	5.0
$R_{\min不设}$ /m	i_0=1.5%	4300	3400	2400	3400	2400	1750	2400	1750	1250
	i_0=2.0%	3950	3150	2250	3150	2250	1650	2250	1650	1150
	i_0=2.5%	3650	2900	2100	2900	2100	1550	2100	1550	1050

5. 超高速公路平曲线半径分析

1) 与普通公路平曲线半径比较

超高速公路平曲线半径与普通公路计算原理和方法相同，只是横向力系数和纵坡取值不同。根据表 4.9，设计速度为 120km/h 时，平曲线极限最小半径为 570～810m，根据表 4.10，设计速度为 120km/h 时，平曲线极限最小半径为 600～750m，两者差异较小，在合理范围。

2) 与铁路平曲线半径比较

根据设计路段的设计速度、工程条件、运输性质和运输需求，《铁路线路

设计规范》(TB 10098—2017)对普通铁路不同设计路段的曲线半径进行了限制，其中优先值可在规定范围内按10m的整数倍取值，见表4.13。

表4.13 普通铁路平曲线最小半径

设计速度/(km/h)		160	140	120	100	80
最小半径/m	优先值	2500～5000	2000～4000	1600～3000	1200～2500	800～2000
	一般地段	2000	1600	1200	800	600
	困难地段	1600	1200	800	600	500

《高速铁路设计规范》(TB 10621—2014)对铁路正线的线路平曲线的最大半径和最小半径都进行了限制，见表4.14。

表4.14 高速铁路平曲线半径

设计速度/(km/h)		350/250	300/200	250/200	250/160
有砟轨道	推荐半径/m	8000～10000	6000～8000	4500～7000	4500～7000
	一般最小半径/m	7000	5000	3500	4000
	个别最小半径/m	6000	4500	3000	3500
无砟轨道	推荐半径/m	8000～10000	6000～8000	4500～7000	4500～7000
	一般最小半径/m	7000	4500	3200	3500
	个别最小半径/m	5500	4000	2800	3000
最大半径/m		12000	12000	12000	12000

注：个别最小半径需进行技术经济比选，经报铁道部批准后方可采用。

《城际铁路设计规范》(TB 10623—2014)对城际铁路平曲线半径进行了限制，见表4.15。

表4.15 城际铁路平曲线最小半径

设计速度/(km/h)		200	160	120	100	80	60
最小半径/m	一般条件	2200	1500	900	600	500	400
	困难条件	2000	1300	800	500	400	300

以上铁路相关规范规定了设计速度 60～350km/h 的铁路平曲线最小半径，虽然不同规范设计速度有重叠，但是因轨道类型和地形条件不同，相同设计速度平曲线半径也有较大差异。尽管铁路设计相关规范设计速度范围各不相同，但是均包含160km/h，因此可选取超高速公路设计速度160km/h时的最小平曲线半径与之比较，见表4.16。

表 4.16　设计速度 160km/h 时平曲线最小半径比较

设计速度/(km/h)			推荐值	一般值	极小值
最小半径/m	《铁路线路设计规范》		2500～5000	2000	1600
	《高速铁路设计规范》	有砟轨道	4500～7000	4000	3500
		无砟轨道	4500～7000	3500	3000
	《城际铁路设计规范》		—	1500	1300
	超高速公路计算值		—	1850	—

由表 4.16 可见，设计速度 160km/h 时，超高速公路平曲线最小半径略小于普通铁路平曲线最小半径，略大于城际铁路平曲线最小半径，远低于高速铁路平曲线最小半径。

4.2.4　缓和曲线长度确定

汽车从直线行驶到圆曲线，行驶曲率半径是不断变化的，这一变化路段即为缓和曲线段。回旋线、三次抛物线和双纽线是常用的缓和曲线[132]，近年来五次曲线和行驶美学曲线也得到广泛使用[133]。考虑到设计的习惯和施工的方便，《公路工程技术标准》(JTG B01—2014)建议采用回旋线作为缓和曲线。

缓和曲线必须有足够的长度，从而降低离心力变化的速度，并让驾驶员能够从容转动方向盘，保证行车的安全性、舒适性和线形的连续美观。因此，缓和曲线的最小长度限制应该从离心力、行驶时间和视觉条件三方面考虑。

1. 离心加速度变化率不宜过大

汽车沿缓和曲线行驶，从直线路段驶入圆曲线路段时，由离心力产生的离心加速度 $a=v^2/\rho$，并在 t(s)时间内从缓和曲线的起点到达缓和曲线的终点，汽车通过缓和曲线全长 l_s，曲率半径 ρ 由∞均匀地变化到 R，离心加速度由 0 均匀地增加到 v^2/R，所以离心加速度变化率为

$$a_s=\frac{a}{t}=\frac{v^2}{Rt} \tag{4.11}$$

设汽车匀速行驶，则 $t=\dfrac{l_s}{v}$， $a_s=\dfrac{v^3}{Rl_s}$，故

$$l_s=\frac{v^3}{Ra_s} \tag{4.12}$$

将 v(m/s)化为 V(km/h)得

$$l_s = 0.0214\frac{V^3}{Ra_s} \tag{4.13}$$

式中：V 为设计速度，km/h；a_s 为离心加速度平均变化率，是检验缓和曲线缓和性的指标，又称为缓和系数，m/s^3；R 为圆曲线半径，m。

乘客的舒适水平取决于 a_s 的大小。早在 1909 年，Shortt 为了使旅客感觉不到汽车在转弯，曾建议 a_s 不大于 $0.6m/s^3$[134]。实际上人所感觉到的横向力并不是离心力的全部，它不包括被超高抵消的一部分，所以其解释是概略性的，但其基本关系仍是可用的。

限制 a_s 则能得出在一定行驶速度和一定曲线半径下的缓和曲线长度。a_s 值的确定应主要根据驾驶上的要求，即能从容不迫地操纵汽车，使它比较准确地行驶在应占的车道内。如缓和曲线 l_s 过短，行驶速度又高，司机将要急速地转动方向盘而造成驾驶操纵的紧张和忙乱，甚至会使汽车离开行车道造成事故。实践证明，a_s 值只要满足车辆行驶上的要求，就能满足旅客的舒适性要求。

a_s 的取值，目前各国仍然没有统一的标准。英国学者 Shott 建议的 $0.6m/s^3$，对高速公路偏大，对低速公路偏小。一般快速道路，英国用 $0.3m/s^3$，美国用 $0.6m/s^3$；美国对于交叉口的弯道，设计速度高于 80km/h 时，取 $0.75m/s^3$，设计速度低于 32km/h 时，取 $1.2m/s^3$。总之，设计速度为 30～120km/h 的传统公路，a_s 可在 $0.3～1.0m/s^3$ 范围内取值。超高速公路设计速度均大于 120km/h，因此取下限 $0.3m/s^3$。

2. 行驶时间不宜过短

缓和曲线不管其长度或曲率等参数如何变化，都必须保证驾驶员有足够的时间完成转向操作。过于急促的变化，还会使驾乘人员感觉不适。因此，需要对在缓和曲线上的最短行程时间加以限制，我国将汽车在缓和曲线上的行驶时间定为 3s，则缓和曲线最小长度为

$$l_s = vt = \frac{V}{3.6}t = \frac{V}{1.2} \tag{4.14}$$

式中：V 为设计速度，km/h。

3. 符合视觉条件的要求

实践研究认为，缓和曲线最小转向角 β_1=3°10′59″=0.0556rad，最大转向角 β_2=28°38′52″=0.5rad[135]。

由 $\beta=\frac{l_s}{2R}=\frac{A^2}{2R^2}$，$A^2=Rl_s$ 得 $A^2=2R^2\beta$，故 $A=R\sqrt{2\beta}$。

当 $\beta=\beta_1$ 时：

$$A=R\sqrt{2\times 0.0556}=\frac{R}{3},\quad l_s=\frac{A^2}{R}=\frac{R}{9}$$

当 $\beta=\beta_2$ 时：

$$A=R\sqrt{2\times 0.5}=R,\quad l_s=R$$

因此，为了使线形柔顺协调，应满足

$$l_s=\frac{R}{9}\sim R \tag{4.15}$$

《公路工程技术标准》(JTG B01—2014)按汽车在缓和曲线路段行驶 3s，离心加速度平均变化率限制在 0.5～0.6m/s³，并根据相应等级公路的设计速度，即可计算出缓和曲线的最小长度。超高速公路缓和曲线最小长度见表 4.17。

表 4.17　圆曲线取一般最小半径时超高速公路缓和曲线最小长度

设计速度/(km/h)			超三级			超二级			超一级		
			180	160	140	160	140	120	140	120	100
长度/m	考虑离心加速度		177	158	135	158	135	117	135	117	103
	控制行驶时间		150	133	117	133	117	100	117	100	84
	符合视觉条件	$R/9$	261	206	161	206	161	117	161	117	94
		R	2350	1850	1450	1850	1450	1050	1450	1050	850
最小长度/m			265	210	165	210	165	120	165	120	95

注：最小长度以 5 的倍数向上取整。

表 4.17 是圆曲线取一般最小半径时缓和曲线的最小长度，当圆曲线半径取极限半径或不设超高最小半径时，情况比较复杂。超高速公路圆曲线极限最小半径随超高 i 不同而不同，超高 i 可取 0.06、0.08 和 0.10。此处极限最小

半径取超高 i_h=0.08 计算所得值，根据以上方法计算得到超高速公路缓和曲线最小长度见表 4.18。

表 4.18　圆曲线取极限最小半径时超高速公路缓和曲线最小长度

设计速度/(km/h)			超三级			超二级			超一级		
			180	160	140	160	140	120	140	120	100
长度/m	考虑离心加速度		260	225	217	225	217	190	217	190	164
	控制行驶时间		150	133	117	133	117	100	117	100	86
	符合视觉条件	$R/9$	178	144	100	144	100	72	100	72	50
		R	1600	1300	900	1300	900	650	900	650	450
最小长度/m			260	225	220	225	220	190	220	190	165

注：①最小长度为以 5 的倍数向上取整的值；②极限最小半径取超高 i_h=0.08 计算所得值。

超高速公路不设超高的圆曲线最小半径随路拱横坡 i_0 不同而不同，根据普通高速公路建设经验，超高速公路路拱横坡 i_0 可取 0.015、0.020 和 0.025。此处不设超高的圆曲线最小半径取路拱横坡 i_0=0.020 时计算所得值。根据以上方法计算得到超高速公路缓和曲线最小长度见表 4.19。

表 4.19　圆曲线取不设超高最小半径时超高速公路缓和曲线最小长度

设计速度/(km/h)			超三级			超二级			超一级		
			180	160	140	160	140	120	140	120	100
长度/m	考虑离心加速度		97	92	87	92	87	75	87	75	68
	控制行驶时间		150	133	117	133	117	100	117	100	83
	符合视觉条件	$R/9$	478	322	250	322	250	183	250	183	117
		R	4300	2900	2250	2900	2250	1650	2250	1650	1050
最小长度/m			480	325	250	325	250	185	250	185	120

注：①最小长度为以 5 的倍数向上取整的值；②极限最小半径取路拱横坡 i=0.020 计算所得值。

上述计算值是缓和曲线最小长度，设计时为达到顺适优美的线形和良好的视觉，一般常采用较长的缓和曲线。

按离心加速度变化率或超高渐变率计算的缓和曲线长度，是随曲线半径的增大而逐渐减小的，但从视觉上却希望随着曲线半径的增大，缓和曲线应相应增长。尤其是对于超高速公路应尽可能利用缓和曲线调整线形以适应地形与景观，使视觉顺畅。

4.3　超高速公路纵断面线形设计理论

4.3.1　超高速公路纵坡坡度限制

1. 道路纵坡设计理论基础

1)汽车在坡道上行驶的坡度阻力

汽车在坡道上行驶时，其重力在平行于路面方向上的分力，称为坡度阻力，如图 4.6 所示。

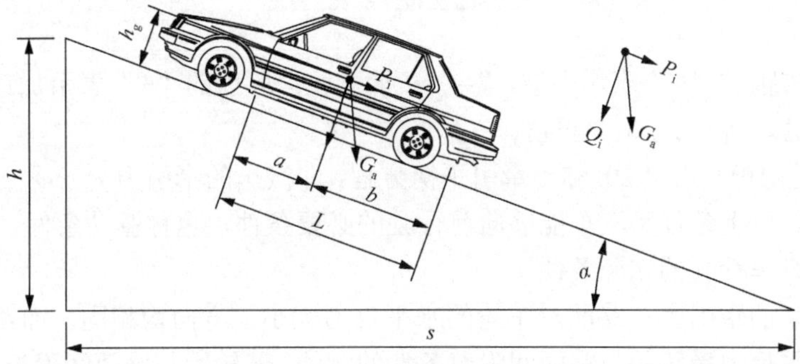

图 4.6　汽车坡度阻力图

汽车在坡道上行驶时受到的坡度阻力为

$$P_{\mathrm{i}} = \pm G_{\mathrm{a}} \sin\alpha \tag{4.16}$$

式中：P_{i}为坡度阻力，N；α为坡度角，(°)。“±”中，“+”表示汽车上坡行驶，P_{i}与汽车行驶方向相反，阻碍汽车行驶；“−”表示汽车下坡行驶，P_{i}与汽车行驶方向相同，形成坡度阻力。

公路纵向坡度的陡缓程度通常用坡度 i 来表示，坡度是纵坡的垂直高度与其水平长度的比值。因此，坡度可表示为

$$i = \frac{h}{s} = \tan\alpha \tag{4.17}$$

由于超高速公路纵坡的坡度角 α 不超过 3°，故可用 $\tan\alpha$ 代替 $\sin\alpha$ 。因此，坡度阻力可写为

$$P_{\mathrm{i}} = \pm G_{\mathrm{a}} \tan\alpha = \pm G_{\mathrm{a}} i \tag{4.18}$$

2)汽车行驶的必要条件

汽车在坡道上行驶，不但受到坡道阻力 P_i 的作用，还受到滚动阻力 P_f、空气阻力 P_w、惯性阻力 P_j 等作用。

为使汽车能够向前运动，汽车的牵引力必须等于汽车运动时所遇到的各项阻力之和，即

$$P_t = P_f \pm P_i + P_w \pm P_j \tag{4.19}$$

将前面的有关公式代入得

$$P_t = P_f \pm G_a i + P_w \pm P_j \tag{4.20}$$

式中：P_i 前的“+”表示上坡，“−”表示下坡；P_j 前的“+”表示加速，“−”表示减速，P_f 与 P_w 恒为正值。

式(4.19)、式(4.20)称为牵引平衡方程，即汽车的牵引力 P_t 必须等于各阻力之和。以上条件是汽车能够向前行驶的必要条件，也称驱动条件。

3)汽车行驶的充分条件

汽车的牵引力与路面对车轮的水平反力大小、方向均相同，而路面对车轮的水平反力受轮胎与路面间附着条件的制约。若轮胎与路面间附着力很小，不能提供足够的水平反力，则轮胎将在路面上打滑，甚至空转。因此，汽车的牵引力必须小于等于轮胎与路面间的附着力，即小于路面对轮胎水平反作用力的极限值，可用公式表示为

$$P_t \leqslant G\phi \tag{4.21}$$

式中：G 为驱动轮荷重，N；ϕ 为轮胎与路面间的附着系数。

对于全轮驱动的汽车，G 为汽车总重；对于后轮驱动的汽车，G 取小于汽车的总重，一般汽车取值范围为 $G = 0.5G_a \sim 0.65G_a$，载重汽车取值范围为 $G = 0.65G_a \sim 0.8G_a$。

式(4.21)即为汽车行驶的充分条件，也称附着条件。把式(4.19)和式(4.21)结合起来，便是汽车行驶的充分必要条件，也称为汽车行驶的驱动条件与附着条件，即

$$P_t = P_f \pm P_i + P_w \pm P_j \leqslant G\phi \tag{4.22}$$

2. 超高速公路最大纵坡

1) 确定最大纵坡的依据

车辆类型。载客汽车、载货汽车等不同类型的车辆，动力性能和制动性能存在明显的差别。不同类型车辆上坡时的爬坡能力和下坡时的制动性能也存在较大差异，因此对公路的最大纵坡设计要求也各不相同。

设计速度。根据汽车的动力特性曲线分析，汽车的爬坡能力与行驶速度成反比，汽车行驶速度越快其爬坡能力越弱。所以，在确定路段最大纵坡时，必须保证一定的行驶速度。

自然条件。公路所在地区的海拔、气候条件和地形条件等也会影响汽车的行驶速度和爬坡能力。

2) 最大纵坡标准的制定方法

《公路工程技术标准》(JTG B01—2014) 在制定路线最大纵坡时主要考虑了汽车上坡行驶的爬坡能力和汽车下坡行驶的安全性，以及考虑畜力车及雨雪路滑时汽车上下坡的行驶要求。

《公路工程技术标准》(JTG B01—2014) 规定的不同设计速度公路的最大纵坡，见表 4.20。

表 4.20　各级公路最大纵坡

设计速度/(km/h)	120	100	80	60	40	30	20
最大纵坡/%	3	4	5	6	7	8	9

在实际的公路路线设计中，确定最大纵坡的首要依据是汽车的最大爬坡能力，而汽车最大爬坡能力主要通过计算法、调查法和试验法来确定。计算法以上坡行驶为准，通过规定汽车爬坡时的计算车型、计算行驶速度和汽车的荷载，根据等速爬坡的原理按汽车的动力性能图并经计算确定。调查法是通过对汽车在坡道上行驶情况的调查，根据路段的调查资料分析来确定最大纵坡值。试验法是选择设计车辆作为试验对象，以不同的速度在不同的纵坡上行驶，根据汽车行驶速度和设计路线的坡长等参数，选择适当的纵坡。

3) 超高速公路最大纵坡

超高速公路最大纵坡的确定需要考虑汽车上坡行驶的爬坡能力和汽车下坡行驶的稳定性，雨雪雾等特殊天气条件下对纵坡的要求可以通过限速来实现，设计时无需考虑。

《高速铁路设计规范》(TB 10621—2014) 和《城际铁路设计规范》(TB

10623—2014）规定高速铁路和城际区间正线的最大坡度不宜大于 2.0%，困难条件下，经技术经济比较，不应大于 3.0%。同时，《城际铁路设计规范》（TB 10623—2014）规定城际列车动车组走行线的最大坡度不宜大于 3.0%，困难条件下不应大于 3.5%。

《铁路线路设计规范》（TB 10098—2017）规定的最大纵坡见表 4.21。

表 4.21 铁路限制最大纵坡 （单位：%）

铁路等级		I			II		
		平原	丘陵	山区	平原	丘陵	山区
牵引种类	电力	0.60	1.20	1.50	0.60	1.50	2.00
	内燃	0.60	0.90	1.20	0.60	0.90	1.50

注：I 级铁路，旅客列车行车速度 160km/h、140km/h、120km/h；II 级铁路，旅客列车行车速度 120km/h、100km/h、80km/h。

因此，根据目前各级公路的最大纵坡及车辆爬坡性能和制动性能，参考铁路相关规范，计算超高速公路最大纵坡见表 4.22。

表 4.22 超高速公路限制最大纵坡

设计速度/(km/h)	180	160	140	120	100
最大纵坡/%	2.0	2.0	2.5	3.0	4.0

3. 超高速公路最小纵坡

1）确定最小纵坡的依据

为了保证汽车以设计速度行驶的安全性和舒适性，一般希望道路纵坡设计越小越好。但是深挖路堑和半填半挖的挖方一侧，以及其他横向排水不畅的路段，为了保证雨水和边坡渗水能够及时排出，防止水分渗入路基而影响路基的稳定性，应设置大于 0.3%的纵坡，在实际工程设计时，一般情况下均设置为大于 0.5%。

2）超高速公路最小纵坡

超高速公路设计标准远高于普通公路，其排水系统完善，在桥梁、隧道等排水系统设计完善的情况下，一般不考虑最小纵坡。但是在挖方路段或者其他排水不畅的路段对最小纵坡的要求与普通公路相同，需设置大于 0.3% 的纵坡，条件允许时，尽量采用大于 0.5% 的纵坡。

4.3.2 超高速公路纵坡坡长限制

公路纵坡坡长是指在纵断面上相邻两个变坡点之间的距离。为了使行驶中的汽车在上坡时不至于车速降低太多，在下坡时不至于长时间制动导致刹车失效，要对最大坡长进行限制。为了使车辆行驶时，纵向起伏变化不至于太频繁，需要对公路最小坡长进行限制。因此，超高速公路坡长限制和普通公路坡长限制类似，包括最小坡长限制和对陡坡的最大坡长限制两个方面。

1. 超高速公路最小坡长限制

超高速公路纵断面上若变坡点过多，从视觉上来看，纵向起伏变化频繁，如同在波峰波谷间穿越。从驾乘人员身体感受来看，车辆的频繁颠簸，会严重影响行车的舒适性，并且车速越高表现越明显。超高速公路设计速度远高于目前各级公路，因此对最小坡长需要更严格的限制。当坡度差较大时，纵向起伏变化频繁，还容易造成视距不良、视线中断，从而影响行车的安全性和平顺性，因此将影响行车的安全性和舒适性。从超高速公路纵断面线形的几何构成来看，相邻变坡点之间的长度也不能过短，最短也应该大于相邻竖曲线的切线长。因此，从驾驶员视觉、驾乘人员体感和几何线形的连续性考虑，超高速公路纵坡不宜过短。

《公路工程技术标准》(JTG B01—2014)建议，公路最小坡长不小于汽车以设计速度行驶 9～15s 的距离。在高速公路上，行驶 9s 就能满足视觉和几何线形布设的要求。在低速公路上，为了满足视觉和线形布设的要求，才可以取较大值。《公路工程技术标准》(JTG B01—2014)以此为依据，规定了目前不同设计速度公路的最小坡长，见表 4.23。

表 4.23　目前各级公路最小坡长

设计速度/(km/h)	120	100	80	60	40	30	20
最小坡长/m	300	250	200	150	120	100	60

《高速铁路设计规范》(TB 10621—2014)和《城际铁路设计规范》(TB 10623—2014)也对铁路路线最小坡长进行了限制。铁路路线设计为了降低纵坡坡度，采用尽量增加坡长的方法。铁路设计相关规范规定，铁路正线尽量设计为较长的坡段。铁路路线设计最小坡段长度应按式(4.23)计算确定，并取为 50m 的整倍数，且一般条件下不应小于 400m，困难条件下不应小于 200m。

$$L_{\mathrm{p}} = \frac{\Delta i_1 + \Delta i_2}{2} \times R_{\mathrm{sh}} + (0\sim0.4)V \tag{4.23}$$

式中：L_{p} 为最小坡长，m；Δi_1、Δi_2 分别为坡段两端相邻坡段坡度差，%；V

为设计速度，km/h，V 的系数一般条件下可取 0.4，困难条件下可取 0；R_{sh} 为竖曲线半径，m。

根据《公路工程技术标准》(JTG B01—2014)提供的计算方法和计算结果，参考铁路设计相关规范，超高速公路最小坡长限制计算结果见表 4.24。

表 4.24　超高速公路最小坡长限制

设计速度/(km/h)	180	160	140	120	100
最小坡长/m	450	400	350	300	250

2. 超高速公路最大坡长限制

超高速公路坡长太短对行车安全性和舒适性均不利，而长距离的陡坡对汽车行驶也极为不利。超高速公路设计速度均在 120km/h 以上，当纵坡较大时，汽车高速行驶爬坡克服的坡度阻力会成倍增加，发动机将满负荷运转，如果坡长过长，发动机将过热，影响发动机的寿命，甚至导致发动机损坏。在下长坡时，由于长时间制动，制动器摩擦片过热，容易引起制动失效，影响行车安全。超一级高速公路服务对象除小轿车外还有大客车和货车，因此在坡道上行驶时，不同类型的车辆不可避免地存在较大的速度差，并且速度差越大，对超高速公路的通行能力和安全性影响就越大，因此必须对超高速公路纵坡长度加以限制。我国在制定各级公路纵坡长度的限制标准时，进行了大量的调查和试验研究工作，同时也参考了国内外大量资料。在此基础上，《公路工程技术标准》(JTG B01—2014)规定了不同设计速度最大坡长，见表 4.25。

表 4.25　各级公路最大坡长限制　　(单位：m)

设计速度/(km/h)		120	100	80	60	40	30	20
纵坡坡度/%	3	900	1000	1100	1200	—	—	—
	4	700	800	900	1000	1100	1100	1200
	5	—	600	700	800	900	900	1000
	6	—	—	500	600	700	700	800
	7	—	—	—	—	500	500	600
	8	—	—	—	—	300	300	400
	9	—	—	—	—	—	200	300
	10	—	—	—	—	—	—	200

《高速铁路设计规范》(TB 10621—2014)根据动车组的动力性能，制定了不同设计最大坡度的最大坡长，见表 4.26。

表 4.26　高速铁路最大坡长

设计最大纵坡/%	1.50	2.0	2.5	3.0
最大坡长/km	10	6	4	3

根据《公路工程技术标准》(JTG B01—2014)提供的各级公路纵坡长度及超高速公路最大纵坡限制，参考铁路设计相关规范，计算超高速公路最大坡长限制结果见表 4.27。

表 4.27　超高速公路最大坡长限制　(单位：m)

设计速度/(km/h)		180	160	140	120	100
纵坡坡度/%	0.5	—	—	—	—	—
	1.0	1000	—	—	—	—
	1.5	900	1000	1100	—	—
	2.0	800	900	1000	1100	1200
	2.5	—	—	900	1000	1100
	3.0	—	—	—	900	1000
	4.0	—	—	—	700	900

超高速公路最大坡长限制主要考虑的是车辆上坡行驶时不至于过多地降低车速，而对于汽车下坡时考虑较少。例如，超一级高速公路上有很小比例的货车行驶，超一级高速公路还要像普通公路一样考虑车辆下坡时制动失效的情况，而超二级和超三级高速公路上均为小汽车行驶，并且设计最大纵坡不超过 2%，在坡顶高速行驶时，停止加油，下坡时仅靠风阻和滚动阻力即可降低车辆行驶速度，不会因长距离刹车导致刹车失效。

4.3.3　超高速公路竖曲线

1. 竖曲线的设计理论

1) 竖曲线的作用

超高速公路纵断面上的设计坡度线，由许多折线组成，车辆在这些折线处行驶时，会产生冲击颠簸。当遇到凸形转折的长坡段处，易使驾驶员视线受阻，并且当车速较高时，会在坡顶产生飞跃失重的感觉；当遇到凹形转折处，由于离心力的作用，会引起乘员感觉超重，产生不舒服的感觉，同时还会引起车辆底盘下的弹簧超载。因此，为了使超高速公路纵断面线形平滑顺适，保证行车的稳定性、安全性和舒适性，有必要在纵断面竖向变坡点设置光滑的竖曲线，将相邻直线坡段自然地连接在一起。

竖曲线坡段转折处用凸形曲线连接的称为凸形竖曲线，用凹形曲线连接的称为凹形竖曲线，如图 4.7 所示。图中 ω 称为变坡角，其值等于两相邻坡段的纵坡代数差。即 $\omega=i_2-i_1$，其中，i_2 和 i_1 分别为相邻两直线坡段的设计纵坡(用小数表示)，上坡为"+"，下坡为"−"。当 $\omega>0$ 时，竖曲线为凹形竖曲线，当 $\omega<0$ 时，竖曲线为凸形竖曲线。

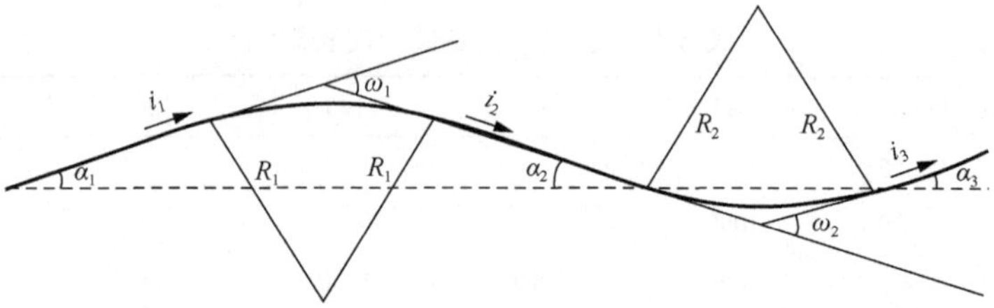

图 4.7　纵断面各变坡点的布置示意图

在超高速公路上坡坡顶部，为了消除纵坡转折线，使线形更加圆滑，并保证驾驶员的视距，必须设置凸形竖曲线，如图 4.8 所示。在超高速公路下坡的坡底，同样为了使线形更加圆滑，并降低行车时的颠簸和振动，必须设置凹形竖曲线。

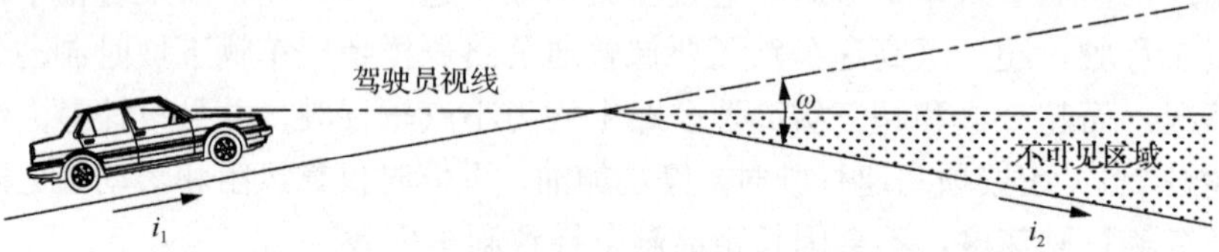

图 4.8　凸形变坡点处变坡角与视距的关系

2) 竖曲线要素的计算

我国《公路路线设计规范》(JTG D20—2017) 要求宜用圆曲线作为竖曲线 (图 4.7)，同时该规范也指出，由于竖曲线前后坡差较小，抛物线呈非常平缓的线形，曲率变化较小，其特性几乎与圆曲线相同，而且设计和计算上，抛物线比圆曲线方便得多，因此将抛物线用作竖曲线更为常见。

如图 4.9 所示，在 xoy 坐标系下，二次抛物线一般方程为

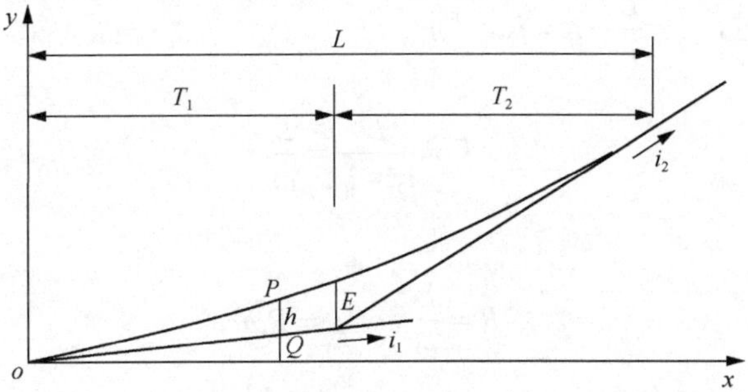

图 4.9　竖曲线要素示意图

$$y = \frac{1}{2k}x^2 + Ax \tag{4.24}$$

在竖曲线上任一点 P，其斜率为

$$i_P = \frac{\mathrm{d}y}{\mathrm{d}x} = \frac{x}{k} + A$$

抛物线上任一点的曲率半径为

$$R = \frac{\left[1 + \left(\frac{\mathrm{d}y}{\mathrm{d}x}\right)^2\right]^{3/2}}{\frac{\mathrm{d}^2 y}{\mathrm{d}x^2}}$$

式中：$\frac{\mathrm{d}y}{\mathrm{d}x} = i$，　$\frac{\mathrm{d}^2 y}{\mathrm{d}x^2} = \frac{1}{k}$，得

$$R = k(1 + i^2)^{3/2}$$

因为 i 介于 i_1 和 i_2 之间，且 i_1、i_2 均很小，故 i^2 可略去不计，则

$$R \approx k$$

当 x 在 0 附近时，$A = i_1$，由式(4.24)，则

$$y = \frac{1}{2R}x^2 + i_1 x \tag{4.25}$$

当 $x=L$ 时，$i=\frac{L}{k}+i_1=i_2$，则

$$k=\frac{L}{i_2-i_1}=\frac{L}{\omega}$$

即

$$R=\frac{L}{\omega},\quad L=R\omega \tag{4.26}$$

因为 $L=T_1+T_2$，由图 4.9 竖曲线终点 y 值（此时 $x=L=T_1+T_2$），建立等式如下：

$$\frac{(T_1+T_2)^2}{2R}+i_1(T_1+T_2)=T_1 i_1+T_2 i_2 \tag{4.27}$$

利用 $L=T_1+T_2=R\omega$ 解式（4.27）得

$$T_1=T_2$$

则

$$T=\frac{L}{2}=\frac{R\omega}{2} \tag{4.28}$$

竖曲线上任意一点竖向距离 h：

因为 $h=PQ=y_P-y_Q=\frac{x^2}{2R}+i_1x-i_1x$，则

$$h=\frac{x^2}{2R} \tag{4.29}$$

式中：x 为竖曲线上任意一点到竖曲线起点的水平距离。

竖曲线外距 E：

$$E=\frac{T^2}{2R}\quad 或\quad E=\frac{R\omega^2}{8}=\frac{L\omega}{8}=\frac{T\omega}{4} \tag{4.30}$$

凸形竖曲线上的设计高程=切线高程–h；凹形竖曲线上的设计高程=切线高程+h。

2. 竖曲线的设计参数

《公路工程技术标准》（JTG B01—2014）和《公路路线设计规范》（JTG

D20—2017)对竖曲线最小半径和最小长度的设计进行了限制。因为在凸形竖曲线和凹形竖曲线上汽车行驶时的特性不同，汽车受力、振动及驾驶员视距等考虑因素不同，所以凸形竖曲线和凹形竖曲线有不同的设计参数标准。

1)超高速公路竖曲线设计最小半径和最小长度

在超高速公路纵断面设计中，竖曲线受众多因素的约束，有三个主要限制因素对竖曲线的最小半径和最小长度起决定作用。

(1)缓和冲击。

汽车在竖曲线上行驶时，会产生径向离心力作用。在凹形竖曲线上的离心力作用表现为超重，在凸形竖曲线上表现为失重。这种超重与失重达到一定程度时，就会给乘客带来不舒适的感觉，同时对汽车的悬挂系统也有不利影响，特别是在凹型曲线底部，可能会引起汽车悬挂系统损坏或者汽车爆胎，所以在确定竖曲线半径时，必须对离心加速度加以控制。汽车行驶在竖曲线上时其离心加速度可用如下公式表示：

$$a=\frac{v^2}{R}$$

用 V(km/h)代替 v 并整理，得

$$R=\frac{V^2}{13a} \tag{4.31}$$

试验表明，离心加速度 a 的合理范围为 0.5～0.7m/s^2。但为了进一步降低汽车在凹型曲线底部的冲击和振动造成的不舒适感，满足视觉平顺等的要求，我国《公路工程技术标准》(JTG B01—2014)规定，凹形竖曲线最小半径值与式(4.31)计算结果基本相同，此时 a 值约为 0.278m/s^2。

$$R_{\min}=\frac{V^2}{3.6} \quad 或 \quad L_{\min}=\frac{V^2\omega}{3.6} \tag{4.32}$$

(2)行驶时间的要求。

因为竖曲线半径一般较大，而变坡角 ω 较小，所以竖曲线长度一般也很短。汽车以较高的速度从直坡道行驶到过短的竖曲线上时，驾驶员会产生变坡急促的错觉，乘客也会感到不适。基于以上分析，在竖曲线设计时，应该限制汽车在竖曲线上行驶的最短时间。根据国内外经验，汽车在竖曲线上行驶时间不能少于 3s，则竖曲线的最短长度可表示为

$$L_{\min} = \frac{V}{3.6}t = \frac{V}{1.2}$$

(3)满足视距的要求。

汽车在半径过小的凸形竖曲线上行驶时，驾驶员的视线会被坡顶路面阻挡，从而引起视距不足。汽车在半径过小的凹形竖曲线上行驶时，同样也会存在视距不足的问题，此时驾驶员的视线会被坡底路面和前方上坡路段的路面阻挡。特别是对于地形起伏较大地区的公路，除存在视距问题以外，在夜间行车时，前灯照射距离过近，严重影响行车速度和安全性；当超高速公路上方有跨线桥、门式交通标志及广告宣传牌等，并且它们正好位于凹形竖曲线上方时，也会影响驾驶员的视线。基于以上分析，从安全视距考虑，必须限制超高速公路竖曲线的最小半径和最小长度。

2)超高速公路凸形竖曲线的最小半径和最小长度

超高速公路凸形竖曲线最小长度主要考虑满足停车视距的要求。根据竖曲线的长度 L 和停车视距 S_T 的大小关系，将计算方法分为两种情况，即 $L < S_T$ 和 $L \geqslant S_T$。

(1)当 $L < S_T$ 时(图 4.10)时，有

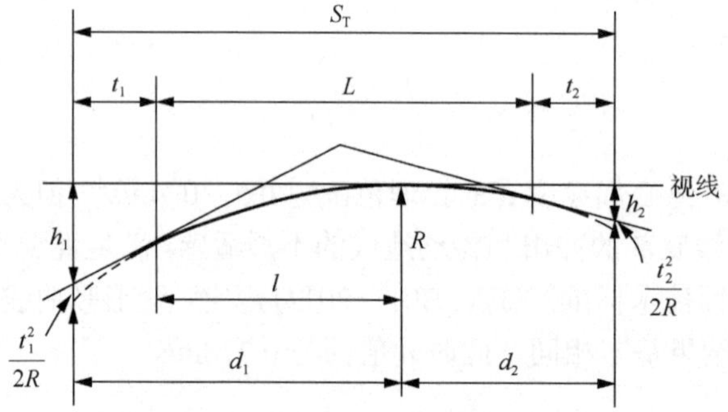

图 4.10　凸形竖曲线计算图式($L < S_T$)

$$h_1 = \frac{d_1^2}{2R} - \frac{t_1^2}{2R}，\quad 则 d_1 = \sqrt{2Rh_1 + t_1^2}$$

$$h_2 = \frac{d_2^2}{2R} - \frac{t_2^2}{2R}，\quad 则 d_2 = \sqrt{2Rh_2 + t_2^2}$$

式中：R 为竖曲线半径，m；h_1 为驾驶员视线高，h_1=1.2m；h_2 为障碍物高，h_2=0.1m。

由 $t_1 = d_1 - l = \sqrt{2Rh_1 + t_1^2} - l$ 得

$$t_1 = \frac{Rh_1}{l} - \frac{l}{2}$$

由 $t_2 = d_2 - (L-l) = \sqrt{2Rh_2 + t_2^2} - (L-l)$ 得

$$t_2 = \frac{Rh_2}{L-l} - \frac{L-l}{2}$$

视距长度 $S_T = t_1 + L + t_2 = \frac{Rh_1}{l} + \frac{L}{2} + \frac{Rh_2}{L-l}$。

令 $\frac{dS_T}{dl} = 0$，解得 $l = \frac{\sqrt{h_1}}{\sqrt{h_1} + \sqrt{h_2}} L$，代入上式，有

$$S_T = \frac{R}{L}\left(\sqrt{h_1} + \sqrt{h_2}\right)^2 + \frac{L}{2} = \frac{\left(\sqrt{h_1} + \sqrt{h_2}\right)^2}{\omega} + \frac{L}{2}$$

$$L_{min} = 2S_T - \frac{2\left(\sqrt{h_1} + \sqrt{h_2}\right)^2}{\omega} = 2S_T - \frac{4}{\omega} \tag{4.33}$$

(2) 当 $L \geqslant S_T$（图 4.11）时，有

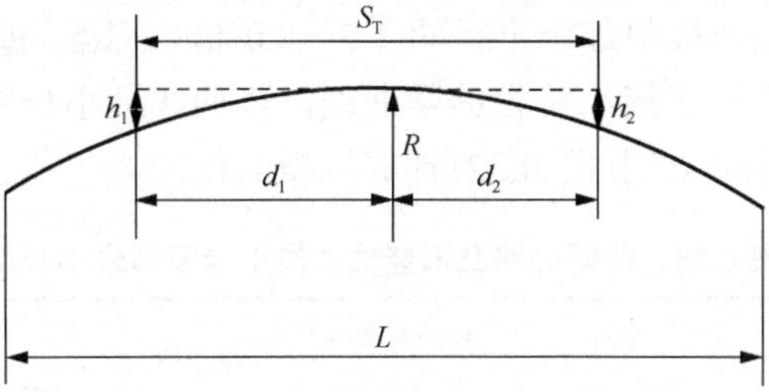

图 4.11　凸形竖曲线计算图式（$L \geqslant S_T$）

$$h_1 = \frac{d_1^2}{2R}，\quad 则 d_1 = \sqrt{2Rh_1}$$

$$h_2 = \frac{d_2^2}{2R}，\quad 则 d_2 = \sqrt{2Rh_2}$$

$$S_T = d_1 + d_2 = \sqrt{2R}\left(\sqrt{h_1} + \sqrt{h_2}\right)$$

或

$$S_{\mathrm{T}}=\sqrt{\frac{2L}{\omega}}\left(\sqrt{h_1}+\sqrt{h_2}\right)$$

$$L_{\min}=\frac{S_{\mathrm{T}}^2\omega}{2\left(\sqrt{h_1}+\sqrt{h_2}\right)^2}=\frac{S_{\mathrm{T}}^2\omega}{4} \tag{4.34}$$

比较以上两种情况，令

$$\Delta L=\frac{S_{\mathrm{T}}^2\omega}{4}-2S_{\mathrm{T}}+\frac{4}{\omega}$$

由于 $\frac{\omega}{4}>0$，该关于 S_{T} 的二次抛物线方程开口向上，其判别式为

$$\varDelta=(-2)^2-4\times\frac{\omega}{4}\times\left(\frac{4}{\omega}\right)=4-4=0$$

显然，$\Delta L \geqslant 0$。

说明：式(4.34)计算结果大于式(4.33)，应将式(4.34)作为有效的控制。

根据汽车在凸形竖曲线顶部的失重情况、在竖曲线上行驶时间及接近坡顶的视距要求三个关键限制因素，可计算得到不同设计速度时凸形竖曲线的最小半径和最小长度，见表 4.28。《公路工程技术标准》(JTG B01—2014)规定的一般最小半径取极限最小半径的 1.5～2.0 倍。标准同时要求，在条件允许时尽量采用大于一般最小半径的竖曲线。竖曲线最小长度相当于各级道路设计速度的 3s 行程，即用式(4.32)计算取整而得。

表 4.28　普通公路凸形竖曲线最小半径和最小长度

设计速度/(km/h)	停车视距 S_{T}/m	缓和冲击 $L_{\min}=\frac{V^2\omega}{3.6}$	视距要求 $L_{\min}=\frac{S_{\mathrm{T}}^2\omega}{4}$	采用值 $L_{\min}$	JTG B01—2014 规定值/m		
					极限最小半径	一般最小半径	竖曲线最小长度
120	210	4000ω	11025ω	11000ω	11000	17000	100
100	160	2778ω	6400ω	6500ω	6500	10000	85
80	110	1778ω	3025ω	3000ω	3000	4500	70
60	75	1000ω	1406ω	1400ω	1400	2000	50
40	40	444ω	400ω	450ω	450	700	35
30	30	250ω	225ω	250ω	250	400	25
20	20	111ω	100ω	100ω	100	200	20

通过以上分析和计算得到普通公路凸形竖曲线最小半径和最小长度见表 4.28，超高速公路凸形竖曲线最小半径和最小长度见表 4.29。

表 4.29　超高速公路凸形竖曲线最小半径和最小长度

设计速度/(km/h)	停车视距 S_T/m	缓和冲击 $L_{min}=\frac{V^2\omega}{3.6}$	视距要求 $L_{min}=\frac{{S_T}^2\omega}{4}$	采用值 L_{min}	计算推荐值/m		
					极限最小半径	一般最小半径	竖曲线最小长度
180	360	9000ω	32400ω	32000ω	20000	31000	150
160	310	7111ω	24025ω	24000ω	17000	26000	135
140	260	5444ω	16900ω	17000ω	14000	21000	120
120	210	4000ω	11025ω	11000ω	11000	17000	100
100	160	2778ω	6400ω	6000ω	6500	10000	85

3) 超高速公路凹形竖曲线的最小半径和最小长度

超高速公路凹形竖曲线的最小长度必须满足照明距离和视距的要求。首先，为了保证夜间行车安全，汽车前灯应该照亮前方足够的距离；其次，还要保证在跨线桥和门式标志下行车有足够的视距。

(1) 夜间行车前灯照射距离要求。

根据竖曲线的长度 L 和停车视距 S_T 的大小关系，前灯照射距离的计算方法也分为两种情况，即 $L<S_T$ 和 $L\geqslant S_T$。

①当 $L<S_T$ (图 4.12) 时。

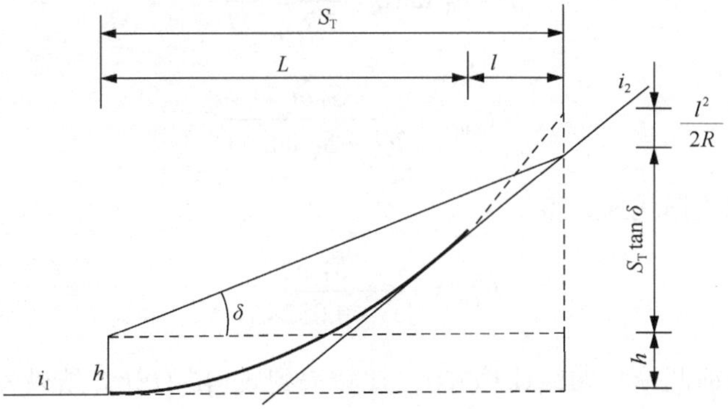

图 4.12　车前灯照射距离 ($L<S_T$)

因 $S_T=L+l$，则 $l=S_T-L$

$$h+S_T\tan\delta=\frac{(L+l)^2}{2R}-\frac{l^2}{2R}=\frac{\omega(2S_T-L)}{2}$$

解此得

$$L_{\min}=2\left(S_{\mathrm{T}}-\frac{h+S_{\mathrm{T}}\tan\delta}{\omega}\right)$$

式中：S_{T} 为停车视距，m；h 为车前灯高度，h=0.75m；δ 为车前灯光束扩散角，δ=1.5°。

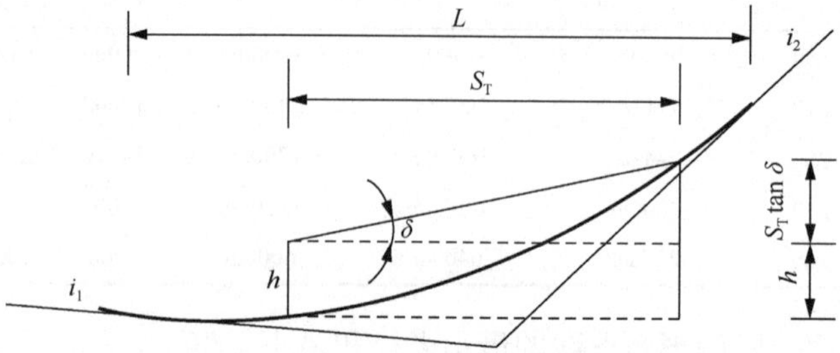

图 4.13　车前灯照射距离($L\geqslant S_{\mathrm{T}}$)

将已知数据代入，得

$$L_{\min}=2\left(S_{\mathrm{T}}-\frac{0.75+0.026S_{\mathrm{T}}}{\omega}\right)\tag{4.35}$$

②当 $L\geqslant S_{\mathrm{T}}$(图 4.13)时，有

$$h+S_{\mathrm{T}}\tan\delta=\frac{S_{\mathrm{T}}^2}{2R}=\frac{S_{\mathrm{T}}^2\omega}{2L}$$

$$L_{\min}=\frac{S_{\mathrm{T}}^2\omega}{2(h+S_{\mathrm{T}}\tan\delta)}$$

将已知数据代入，得

$$L_{\min}=\frac{S_{\mathrm{T}}^2\omega}{1.5+0.0524S_{\mathrm{T}}}\tag{4.36}$$

按照之前凸形竖曲线计算方法，比较得到式(4.34)计算结果大于式(4.33)计算所得结果，因此应以式(4.36)的计算结果作为设计依据。

(2)凹形竖曲线上方有障碍物时视距要求。

①当 $L<S_{\mathrm{T}}$(图 4.14)时，有

$$h=\frac{(L+t_2)^2}{2R}-\frac{t_2^2}{2R}$$

$$AB = h_1 + \frac{h_2 - h_1}{S_T}(t_1 + l)$$

$$BD = h_0 \frac{t_1 + l}{S_T} = \left[\frac{(L + t_2)^2}{2R} - \frac{t_2^2}{2R}\right]\frac{t_1 + l}{S_T}$$

$$CD = \frac{l^2}{2R}$$

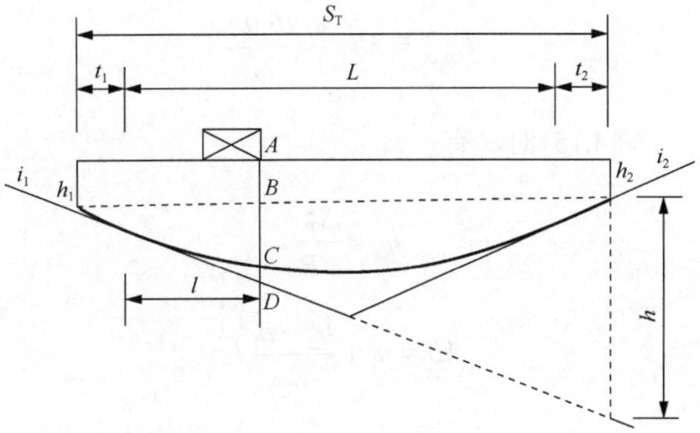

图 4.14　跨线桥下行车视距($L<S_T$)

因$S_T = t_1 + L + t_2$，则$t_2 = S_T - t_1 - L$

$$AC = h = AB + BD - CD = h_1 + \frac{h_2 - h_1}{S_T}(t_1 + l) + \frac{L(l + t_1)}{2RS_T}(2S_T - 2t_1 - L) - \frac{l^2}{2R}$$

由 dh/dl=0 解出 l，代入上式并整理，得

$$h_{max} = h_1 + \frac{1}{2RS_T^2}\left[2S_T t_1 + R(h_2 - h_1) + \frac{L}{2}(2S_T - 2t_1 - L)\right] \cdot \left[R(h_2 - h_1) + \frac{L}{2}(2S_T - 2t_1 - L)\right]$$

由 dh_{max}/dt_1=0 可解出 t_1，代入上式，得

$$h_{max} = h_1 + \frac{\left[2R(h_2 - h_1) + (2S_T + L)\right]^2}{8RL(2S_T - L)}$$

解得

$$L_{\max}=2S_{\mathrm{T}}-\frac{4h_{\max}}{\omega}\left[1-\frac{h_2+h_1}{2h_{\max}}+\sqrt{\left(1-\frac{h_1}{h_{\max}}\right)\left(1-\frac{h_2}{h_{\max}}\right)}\right]$$

式中：$h_{\max}$为桥下设计净空，$h_{\max}$=4.5m；h_1为驾驶员视线高度，h_1=1.5m；h_2为障碍物高度，h_2＝0.75m。

将已知数据代入，则

$$L_{\max}=2S_{\mathrm{T}}-\frac{26.92}{\omega} \tag{4.37}$$

②当$L \geqslant S_{\mathrm{T}}$(图 4.15)时，有

$$h_0=\frac{S_{\mathrm{T}}^2}{2R}$$

$$AB=h_1+\frac{h_2-h_1}{S_{\mathrm{T}}}l$$

$$BD=h_0\frac{l}{S_{\mathrm{T}}}=\frac{S_{\mathrm{T}}}{2R}l$$

$$CD=\frac{l^2}{2R}$$

$$AC=h=AB+BD-CD=h_1+\frac{h_2-h_1}{S_{\mathrm{T}}}l+\frac{S_{\mathrm{T}}}{2R}l-\frac{l^2}{2R}$$

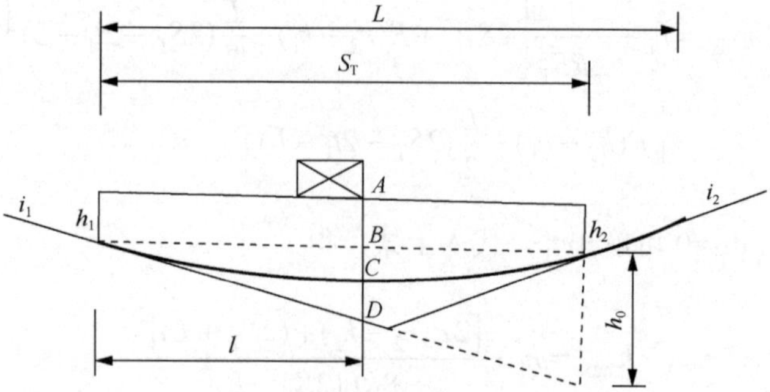

图 4.15 跨线桥下行车视距($L \geqslant S_{\mathrm{T}}$)

由 dh/dl=0 解出 l，代人上式并整理，得

$$L_{\max}=h_1+\frac{1}{2R}\left[\frac{R(h_2-h_1)}{S_T}+\frac{S_T}{2}\right]^2$$

$$L_{\min}=\frac{S_T^2\omega}{\left[\sqrt{2(h_{\max}-h_1)}+\sqrt{2(h_{\max}-h_2)}\right]^2}$$

将已知数据代入，得

$$L_{\min}=\frac{S_T^2\omega}{26.92} \tag{4.38}$$

按照前面凸形竖曲线计算比较方法，同理比较以上两式，应以式(4.38)作为有效控制。根据影响超高速公路竖曲线设计最小半径的三个关键限制因素，可计算得到凹形竖曲线的最小半径，见表 4.30。

表 4.30　普通公路凹形竖曲线最小半径

设计速度 /(km/h)	停车视距 S_T/m	缓和冲击 $\frac{V^2\omega}{3.6}$	夜间行车照明 $\frac{S_T^2\omega}{1.5+0.0524S_T}$	桥下视距 $\frac{S_T^2\omega}{26.92}$	采用值 $L_{\min}$	JTG B01—2014 规定值/m 极限最小半径	一般最小半径	竖曲线最小长度
120	210	4000ω	3527ω	1638ω	4000ω	4000	6000	100
100	160	2778ω	2590ω	951ω	3000ω	3000	4500	85
80	110	1778ω	1666ω	449ω	2000ω	2000	3000	70
60	75	1000ω	1036ω	209ω	1000ω	1000	1500	50
40	40	444ω	445ω	59ω	450ω	450	700	35
30	30	250ω	293ω	33ω	250ω	250	400	25
20	20	111ω	157ω	15ω	100ω	100	200	20

表 4.30 中显示凹形竖曲线最不利的情况是径向离心力的冲击，故应以式(4.38)作为有效控制。《公路工程技术标准》(JTG B01—2014)规定的普通公路一般最小半径取极限最小半径的 1.5～2.0 倍。凹形竖曲线最小长度计算方法和取值与凸形竖曲线相同。

根据以上分析和计算，超高速公路凹形竖曲线最小半径见表 4.31。

表 4.31　超高速公路凹形竖曲线最小半径

设计速度 /(km/h)	停车视距 S_T/m	缓和冲击 $\frac{V^2\omega}{3.6}$	夜间行车照明 $\frac{S_T^2\omega}{1.5+0.0524S_T}$	桥下视距 $\frac{S_T^2}{26.92}$	采用值 L_{min}	计算推荐值/m		
						极限最小半径	一般最小半径	竖曲线最小长度
180	360	9000ω	6364ω	4814ω	7000	7000	10500	150
160	310	7111ω	5416ω	3570ω	6000	6000	9000	135
140	260	5444ω	4470ω	2511ω	5000	5000	7500	120
120	210	4000ω	3527ω	1638ω	4000	4000	6000	100
100	160	2778ω	2590ω	951ω	3000	3000	4500	85

4.4　超高速公路横断面设计理论

4.4.1　超高速公路横断面组成

1. 公路横断面组成

公路横断面设计需要根据车辆的行驶特性，结合公路所在地的地形地貌、地质条件、水文条件等，对公路的横断面的形式、公路各组成部分的结构和几何尺寸进行设计。

公路横断面主要组成部分包括路基、路面、路肩、边坡、分车带、路缘石及排水设施等，如图 4.16 所示。

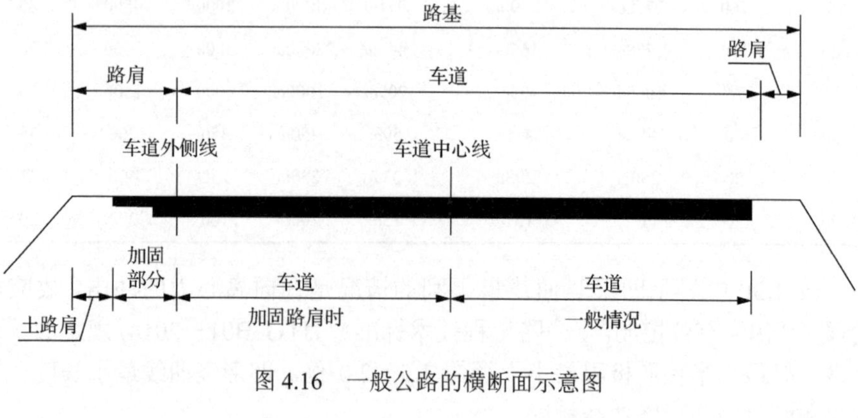

图 4.16　一般公路的横断面示意图

高速公路和一级公路上还有中央分隔带、变速车道、爬坡车道等设施，如图 4.17 所示。

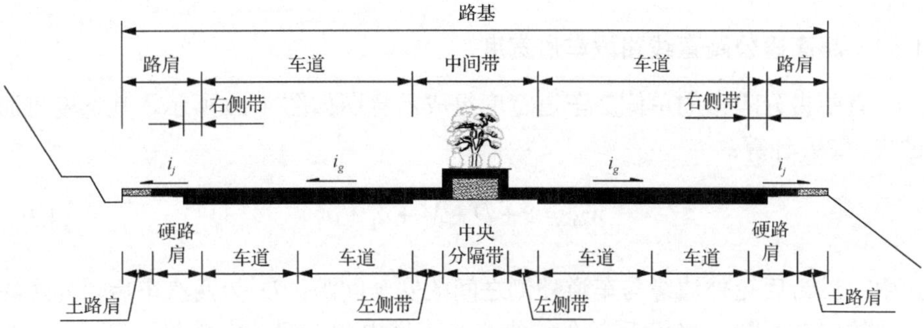

图 4.17　高等级公路的横断面示意图

2. 超高速公路横断面组成

超高速公路主要有双向 6 车道和双向 8 车道两种车道布置方式，其横截面主要有水平布置和立体布置两种方式。平面布置方式和目前普通高速公路布置方式基本相同，路面包括行车道、路肩、分车带、路缘石等，但是因为超高速公路纵坡均不超高 4%，不设爬坡车道。路基包括路基主体、排水设施、边坡保护和加固设施等。立体布置方式采用双层路面承担双向车流，这种界面形式占地少，双向车流无眩光干扰，但是成本较高，如图 4.18 所示。

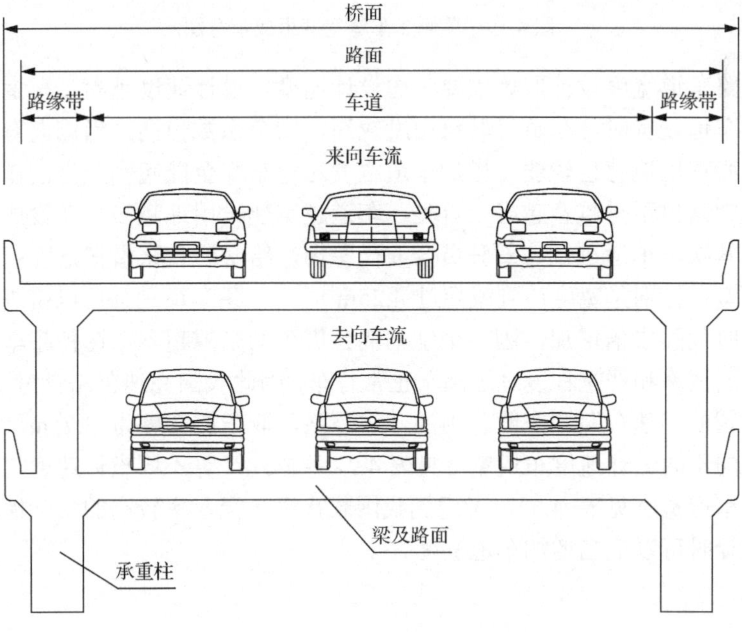

图 4.18　立体式超高速公路的横断面

4.4.2 超高速公路直线路段车道宽度

有中央分隔带的单侧 2 车道宽度组成示意图如图 4.19 所示，其宽度可通过式(4.39)计算：

$$w_{单} = S + D + M + a_1 + a_2 \tag{4.39}$$

式中：S 为后轮外边缘与车道外侧之间的安全间隙；D 为两汽车后轮外边缘之间的安全间隙；M 为后轮外边缘与行车道内侧之间的安全间隙；a_1、a_2 为汽车后轮外边缘间距，对于普通车取 1.60m，大型车取 2.30m。

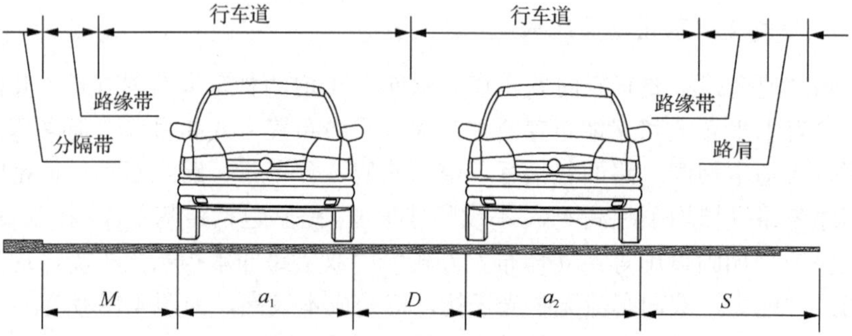

图 4.19 单侧 2 车道宽度组成示意图

公路车道宽度设计取值主要考虑设计速度，设计速度越高，车道宽度越宽。当车道较宽时，车辆行驶自由度较高，安全系数也高，当侧向有车时，驾驶员心理压迫感也较弱。增加车道宽度对行车安全能起到一定的作用，但是车道宽度也不是越宽越好。首先，车道越宽建设用地越多，建设成本也就越高；其次，车道过宽，驾驶员会放松警惕，给交通带来潜在危险；最后，车道过宽，特别是宽度达到或超过 4.25m 时，一条车道勉强可以挤进两辆汽车，这时危险成倍增加，因为个别车辆会借车间空隙超车，这种超车方式造成事故的概率和严重程度远远高于正常行车。因此我国高速公路参考了美国、日本等国的高速公路和东欧各国的一级公路，取车道宽度为 3.75m。我国标准规定的不同设计速度车道宽度见表 4.2，并据此计算不同设计速度的高速公路单向车道宽度见表 4.32。考虑到我国载货汽车混入率较高的实际情况，在实际设计时可以适当增加车道宽度。

表 4.32　高速公路行车道宽度

设计速度/(km/h)	120			100	80	60
单向车道数/条	4	3	2	2	2	2
单向行车道宽度/m	15.0	11.25	7.5	7.5	7.5	7.0

由表 4.32 可见，我国普通高速公路每条车道宽度为 3.75m，只有少数路段设计速度为 60km/h 时宽度取 3.5m。

超高速公路单向车道数一般为 3～5 条，其单向车道宽度计算原理和方法与普通高速公路相同，如图 4.20 所示。

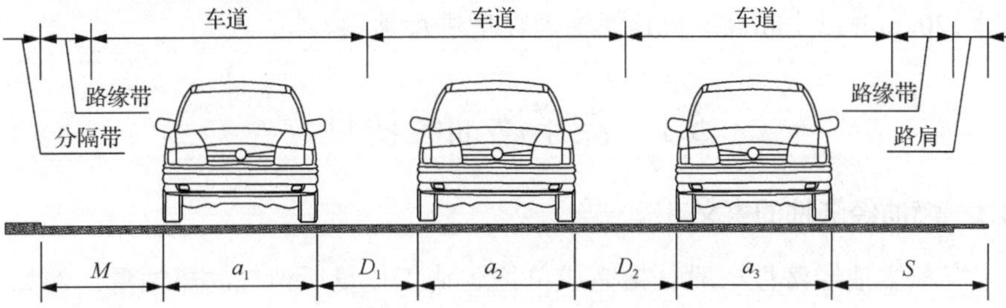

图 4.20　单向 3 车道宽度组成示意图

根据超高速公路车速特性，参考普通高速公路每条车道宽度，确定超高速公路设计速度为 100～160km/h 时，每条车道宽度为 3.75m，设计速度 180km/h 时，每条车道宽度为 4.00m。部分不同设计速度和不同车道数组合的超高速公路单向车道宽度见表 4.33。

表 4.33　超高速公路车道宽度

设计速度/(km/h)	180	160	140	120	100
单向车道数/条	4	3	3	2	2
单向车道宽度/m	16.0	11.25	11.25	7.5	7.5

第 5 章　超高速公路燃油消耗预测

本章首先分析汽车燃油经济性，分析内容包括燃油经济性评价指标、燃油消耗方程及经济特性曲线、提高汽车燃油经济性的途径、汽车行驶燃油消耗图和测定汽车燃油经济性的试验方法。然后用高速公路实车试验取得的实车燃油消耗数据和“易车测试”网提供的实车油耗试验数据，通过 SPSS 软件对 120km/h 以上超高速公路燃油消耗量进行预测。

5.1　汽车燃油经济性

5.1.1　燃油经济性的意义

汽车燃油经济性一般是指完成单位运输工作量所消耗的燃油量。例如，我国小轿车一般用每行驶 100km 消耗的汽油来表示，单位为 L/100km。汽车燃油经济性有时也用汽车消耗单位燃油所完成的运输工作量来表示，例如，国外大部分品牌汽车均用 km/L 作为汽车燃油经济性指标。这就是为什么大部分国内品牌汽车仪表盘显示的是 L/100km，而国外大部分品牌汽车仪表盘显示为 km/L 的原因。汽车行驶时燃油消耗经济性与汽车整备质量、比功率、发动机的效率、变速箱的传动效率、道路条件以及驾驶习惯均有密切关系。

燃油经济性是汽车的重要使用特性之一，也是部分车主购车时考虑的主要因素。

1. 运输企业燃油成本

汽车的燃油费用是运输企业运输成本的重要组成部分，根据交通运输部 2014 年的统计，不同企业燃油费用存在一定差异，一般达到运输成本的 30%～35%，如图 5.1 所示。

部分物流企业燃油消耗占比甚至更高，例如，哈尔滨市区优速物流一辆载重为 5t 的小货车燃油消耗占运输成本的比例高达 46.50%。

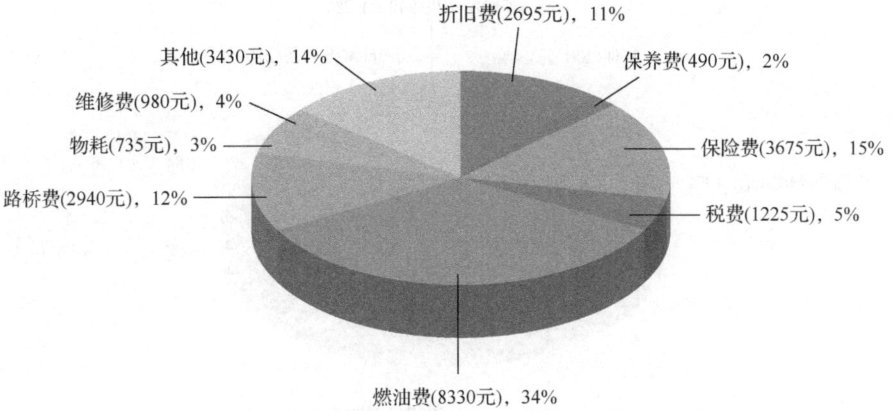

图 5.1　运输企业成本组成

2. 私家车燃油成本

私家车用车成本包括燃油费、维修保养费、保险费和路桥费等，维修保养和保险费相对固定，燃油费和路桥费等随着里程的增加而增加。

根据腾讯汽车微博用车成本调查栏目的统计，若以两年 4 万 km 的行驶里程，以工信部综合工况油耗计算，燃油费支出占到所有用车成本支出的 40%～50%。而工信部综合油耗是利用欧洲循环驾驶法测定的，与实际的油耗存在较大差异。油耗实际值一般比工信部试验值高 10%～20%，因此实际使用过程中油耗支出要高于 50%。

1) 别克凯越 2011 款 1.6LX-MT

别克凯越是目前我国道路上最常见的车型之一，其养车成本具有一定的代表性。根据养车费用=车船使用税+路桥费和停车费+保险费+常规保养费+燃油费+其他计算，若该车两年内行驶 4 万 km，则该车两年所有的用车成本约需 52085 元，折算到月均支出是 2170 元，占哈尔滨市平均薪酬 5615 元的 38.65%，其中燃油费支出高达约 47%，如图 5.2 所示。

2) 福克斯两厢 2012 款 1.6L AT

福克斯两厢 2012 款 1.6L AT 是一款年轻消费者非常喜欢的车型，两年 4 万 km 使用过程中共需支出 50758 元，月均支出也在 2100 元左右，其中燃油费支出占到 40%，如图 5.3 所示。

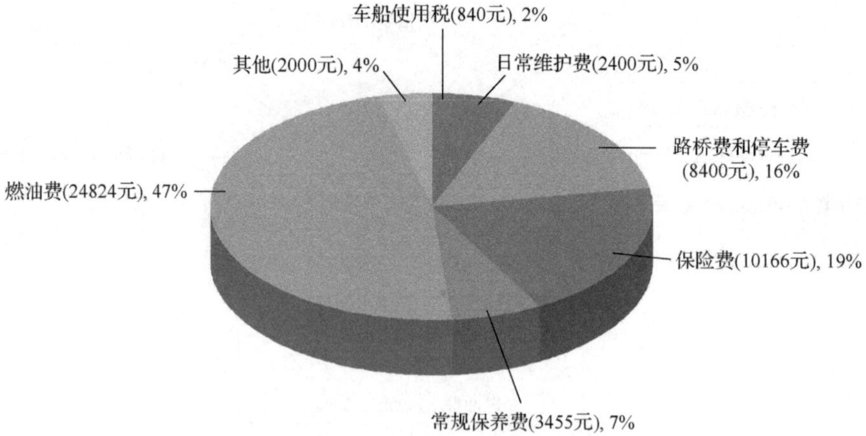

图 5.2　别克凯越两年 4 万 km 用车成本

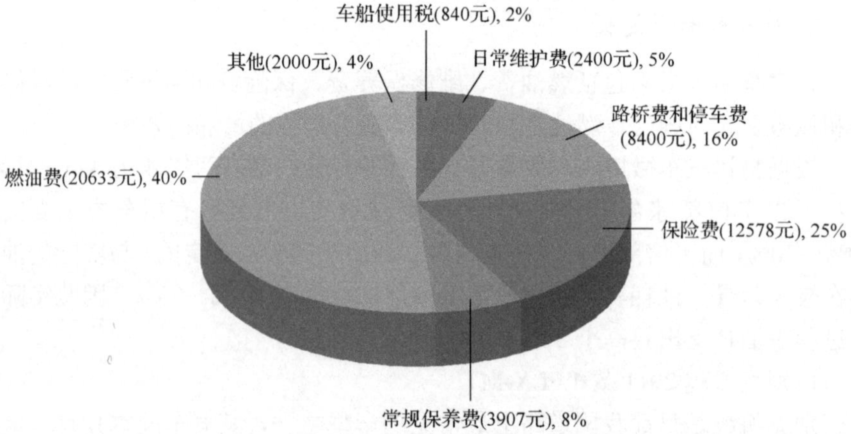

图 5.3　福克斯两厢两年 4 万 km 用车成本

此外，新浪汽车微博也对私家车主的用车成本进行了大量调查，结果显示，燃油费是用车成本的主要组成部分，占比甚至达到 50%。以用车成本为 1 万元左右的私家车为例，燃油费约占用车成本的 50%；维修保养费占 30%，保险费和税费占 13%；停车费、路桥费和洗车费占 5%，其他费用占 2%。

5.1.2　燃油经济性评价指标

目前国内外汽车燃油经济性评价方法主要有两大类：第一类方法主要用于评价质量相近的载客汽车的燃油经济性。该类方法用行驶一定里程所消耗的燃油量或一定燃油量能使汽车行驶的里程来计算，单位分别为 L/100km 或 km/L。第二类方法主要用于评价质量相差较大的载货汽车的燃油经济性。该类方法用完成一定运量的燃油消耗量或一定燃油量能够完成的运量来计算燃油经济性指标，单位分别是 L/(t·km) 或 t·km/L。

(1) 每 100km 行程的燃油消耗量 Q_s。

Q_s 计算式为

$$Q_s = \frac{100Q_t}{V} \tag{5.1}$$

式中：Q_s 为每 100km 行程的耗油量，L/100km；Q_t 为发动机保持一定功率时，单位时间的燃油消耗量，L/h；V 为行驶速度，km/h。

(2) 每公斤燃油的行程 L。

L 计算式为

$$L = \frac{100}{Q_s} = \frac{V}{Q_t} \tag{5.2}$$

式中：L 为每公斤油耗所行驶的里程，km/kg。

(3) 每吨每公里燃油消耗量 Q_{sG}。

Q_{sG} 计算式为

$$Q_{sG} = \frac{Q_s}{100G_i} \tag{5.3}$$

式中：Q_{sG} 为每吨每公里运量的耗油量，kg/(t·km)；G_i 为汽车载质量，t。

5.1.3　燃油消耗模型与经济特性曲线

1. 发动机的燃油经济性

由式 (5.1) ～式 (5.3) 可知，燃油经济性的各评价指标均与汽车发动机每小时的燃油消耗量 Q_t 有关，而 Q_t 随发动机发出功率的不同而变化，即

$$Q_t = \frac{q_e N_e}{1000} \tag{5.4}$$

式中：N_e 为发动机发出的功率，kW；q_e 为发动机的燃油消耗率，g/(kW·h)。

据 4.3.1 节所述，发动机发生的功率用于克服汽车的行驶阻力，即

$$N_e=\frac{\left(G_a\psi+\frac{KFV^2}{13}\pm\frac{\delta G_a}{g}\frac{dv}{dt}\right)V}{3600\eta_m} \tag{5.5}$$

由式(5.5)可以看出，汽车行驶时发动机消耗的功率与汽车结构参数如 G_a、η_m、KF 等有关，又与行驶条件 v、ψ 等有关，此功率消耗决定了对发动机功率的利用率。

q_e 是指某一发动机以 1kW 的功率工作 1h 的燃油消耗量，燃油消耗率是发动机燃油经济性评价的一项重要指标。

发动机的燃油消耗率随曲轴转速 n_e 与发出的功率 N_e 的不同而变化。当发动机的节气阀全开或供油量最大时，燃油消耗率的变化如图 5.4 所示。由图可知，燃油消耗率在某转速时下降至最小，当转速增高或降低时均增大。图 5.4 为汽车发动机特性曲线，$q_e=f(n_e)$ 曲线是发动机节气阀全开或供油量最大时单位燃耗曲线，当发动机在部分负荷下工作(即节气阀未全开或供油量不是最大)时，$q_e=f(n_e)$ 曲线如图 5.5 所示。其中，当节气阀全开或供油量最大时所发出的功率，用 100% 表示；当发动机以同一转速，节气阀未全开或供油量不是最大时所发出的功率，用占上述功率的百分率表示。

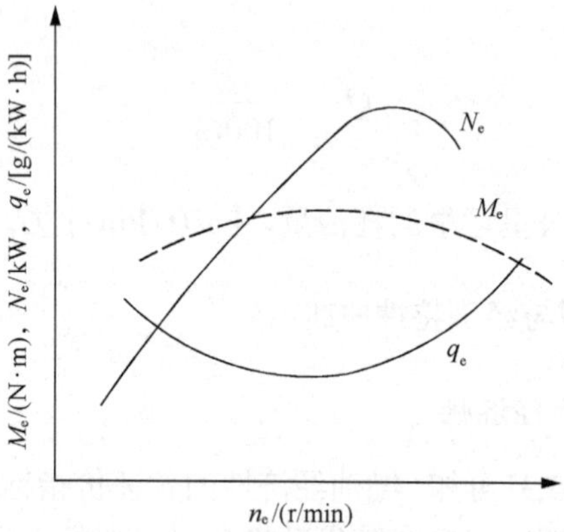

图 5.4　汽车发动机特性曲线

从图 5.4 中可以看出，发动机的燃油经济性不仅与转速有关，且受发动机的功率利用率影响，功率利用率越高，燃油消耗率越小。

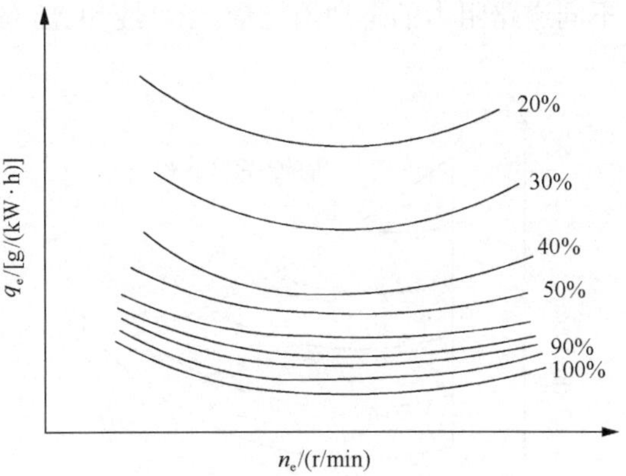

图 5.5　燃油消耗量曲线

2. 燃油消耗方程

将式(5.4)、式(5.5)代入式(5.1)中，可得

$$Q_s = \frac{q_e}{3600\eta_m}\left(G_a\psi + \frac{KFV^2}{13} \pm \frac{\delta G_a}{g}\frac{dv}{dt}\right) \tag{5.6}$$

式(5.6)为汽车燃油消耗方程，该方程表示汽车燃油消耗量与各相关因素的关系。由式(5.6)可见，汽车燃油经济性受发动机的经济特性、汽车结构参数、行驶条件、驾驶习惯等因素影响。式(5.6)完整地表达了影响汽车燃油经济性的各个因素，为研究汽车单位行程或单位运量燃油消耗量奠定了基础。

3. 经济特性曲线

由式(5.6)可知，Q_s与诸多因素有关，在实际应用时常感不便，因此常借助试验来确定。

当汽车以某一排挡在道路阻力系数为ψ的公路上行驶时，对于一定车型和装载情况的汽车，式(5.6)可写成如下函数形式：

$$Q_s = f(V) \tag{5.7}$$

由式(5.7)作出的曲线如图 5.6 所示，称为汽车燃油的经济特性曲线，用以评定汽车的燃油经济性。图 5.6 中最上面的虚线 AC 表示以一定挡位的最低稳定车速行驶时不同道路阻力的燃油消耗量。*AC* 线和 *AB* 线形成了经济特性曲线的界限线。

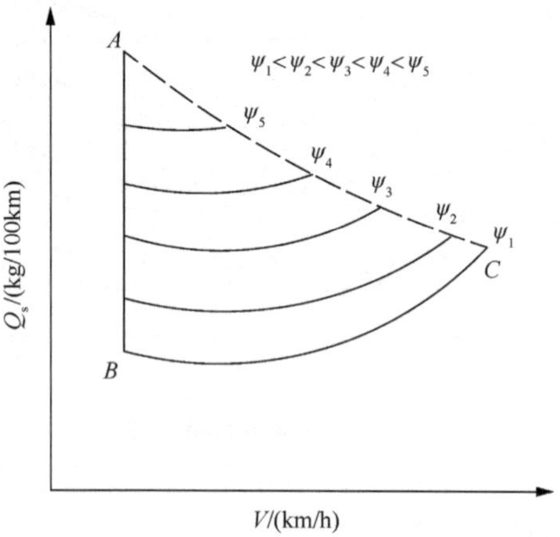

图 5.6　汽车燃油的经济特性曲线

由图 5.6 可以找到在不同 ψ 值时(不同的公路条件下)燃油消耗量最低所对应的行驶速度，此速度称为燃油经济车速。汽车以这个经济车速行驶虽然会使单位行程燃油消耗量最少，但由于该速度较低，汽车的运输效率会受到影响。因此，对发动机进行合理调校，使不同车型具有不同的经济车速，这样不但可以降低燃料消耗，还能保证运输效率。

5.1.4　提高汽车燃油经济性的方法

根据汽车燃油消耗方程涉及的燃油经济性影响因素，结合汽车行驶过程特性总结得到提高汽车燃油经济性主要有以下几种方法：

(1)提高能量转化效率。发动机的热损失和机械损耗比例高达燃油化学能的65%左右,因此降低热损失和机械损耗是提高汽车燃油经济性的重要途径。燃油转化效率主要从两个方面考虑：首先，通过涡轮增压等方法提高发动机进气压力，使燃油得到充分燃烧，提高燃油燃烧效率；其次，通过增大压缩比等方法，提高燃油产生的热能转化成机械能的效率。

(2)提高汽车传动系统效率。汽车传动系统对燃油经济性的影响主要体现在传动系统效率、变速器挡位数和传动比上。汽车变速器挡位越多，发动机在经济工况下运行的机会也越多，越有利于提高汽车燃油经济性。目前无级变速已广泛使用，这种变速器大大提高了发动机在经济工况下工作的可能性。

通常情况下汽车的传动比越小，燃油经济性越高，因此汽车的经济车速一般在最高挡位。

(3) 降低汽车行驶空气阻力。汽车在平直路段匀速行驶时的主要阻力来自空气阻力和滚动阻力。滚动阻力随车速增加而降低，空气阻力与车速平方成正比。当车速约为 70km/h 时，滚动阻力与空气阻力相当。当车速达到 100km/h 时，发动机的功率主要用来克服空气阻力。降低空气阻力的方法主要有减少汽车的迎风面积和降低空气阻力系数两种方法。汽车的迎风面积取决于汽车的宽度和高度，而空气阻力系数取决于车身造型。因此，汽车车身的紧凑化设计和流线型设计可以有效提高汽车的燃油经济性。目前轿车的空气阻力系数大多在 0.20～0.30，而 SUV 车型空气阻力系数都在 0.30～0.40，因此与 SUV 车型相比，轿车具有良好的燃油经济性。

由表 5.1 可见，车型中福特 Probe V 空气阻力系数最小，仅有 0.14，而本田 CRV 空气阻力系数最大，达到 0.40，因此通过降低汽车空气阻力提高汽车燃油经济性具有较大潜力。

表 5.1　不同车型空气阻力系数

序号	轿车		序号	SUV	
	车型	空气阻力系数		车型	空气阻力系数
1	福特 Probe V	0.14	1	奥迪 Q5	0.33
2	奔驰 CLA	0.23	2	丰田汉兰达	0.34
3	兰博基尼 LP	0.24	3	日产逍客	0.34
4	马自达昂克赛拉	0.27	4	老款 RV4	0.35
5	大众凌渡	0.28	5	雷诺 Keleos	0.39
6	新福克斯	0.30	6	日产奇骏	0.39
7	老捷达	0.36	7	本田 CRV	0.40

(4) 提高路面质量和线形标准。汽车在较小平曲线半径弯道和较陡下坡道上行驶时，需要制动减速，造成大量动能损失。路面平整、线形平顺、视距良好也会减少制动的次数。因此从道路线形和路面结构设计上考虑，提高公路线形设计标准和道路路面质量，可以减少汽车行驶时的制动次数，对提高汽车燃油经济性有重要意义。

5.1.5　汽车行驶燃油消耗图

根据一条公路各路段的道路阻力系数及车辆行驶速度，可以从经济特性图上查出其相应的燃油消耗量 Q_s，据此可求得全线的燃油消耗总量。以行驶里程为横坐标，以各路段燃油消耗量为纵坐标，可以绘制出燃油消耗量与汽车行驶里程的关系图，称为汽车行驶燃油消耗图。

如果汽车在公路上以最大速度行驶，则可利用各路段的道路阻力，在动力特性曲线图中找出相应的最大速度，再根据最大速度和道路阻力从经济特性图上查出相应的每 100km 燃油消耗量 Q_s 值，各路段的距离与 Q_s 的乘积，可得各路段汽车的燃油消耗量，进一步计算各路段的燃油消耗量可得全路段燃油消耗总量。其计算过程如图 5.7 所示，图中左下角各段的面积之和，即为燃油消耗总量。若汽车的行驶速度低于最大速度，则燃油消耗量将减少。当汽车以燃油经济车速行驶时，燃油消耗量最低，如图 5.7 中左下角的斜线面积所示。

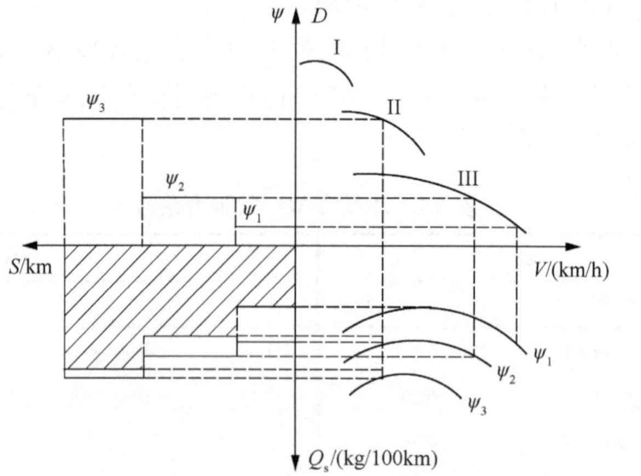

图 5.7　汽车行驶燃油消耗图

用汽车行驶燃油消耗图计算的燃油消耗总量，在公路初步设计的方案比较中可作为一个评价指标。

5.2　高速公路油耗试验

5.2.1　试验条件

1. 试验车辆

为了获取不同排量车辆不同车速下的等速油耗，试验选取了排量为 1.0～3.0L 的 7 辆车进行了实车试验，车辆信息见表 5.2。

表 5.2　试验车辆信息

车型	排量/L	变速箱	最高车速/(km/h)	最大功率/kW	整备质量/kg	比功率/(kW/kg)
路宝 2010 款基本型	1.0	手动	140	50	895	0.056
捷达 2015 质惠版	1.6	手动	181	81	1120	0.072
荣威 550 2014 款	1.8	手动	188	98	1527	0.064
标志 307 2010 款	2.0	手动	196	86	1304	0.066
君威 2009 款	2.4	自动	205	137	1615	0.085
天籁 2011 款	2.5	手动	195	137	1469	0.093
奔驰 C280 2008 款	3.0	自动	250	170	1575	0.108

2. 试验设备

1)硬件设备

目前市场上有各种可以读取车辆 ECU 的设备，例如，可通过蓝牙和 Wi-Fi 连接手机的 MOBD、iOBD2，驾图盒子(M500)等。

从试验经济性、方便性和可靠性方面考虑，试验硬件选择蓝牙版 ELM327 作为读取车辆 ECU 数据的工具。ELM327 是以个人电脑和智能手机为基础的车载诊断系统，是一种通用型的汽车诊断检测工具。ELM327 兼容所有 OBD-II 自诊断系统和与其相匹配的通信协议。ELM327 目前有 USB 版和蓝牙版两种版本，USB 版通过数据线连接计算机 USB 接口，蓝牙版通过蓝牙与智能手机无线连接，如图 5.8 所示。

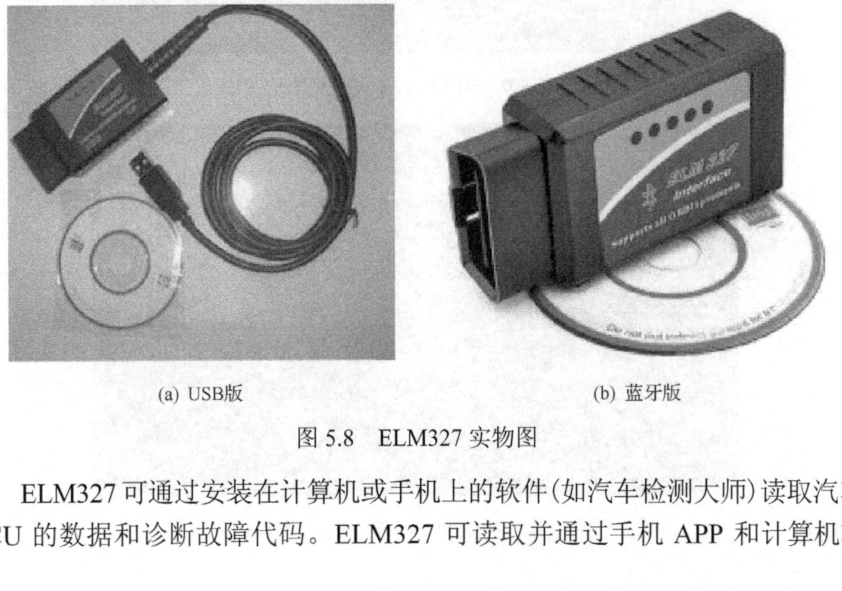

(a) USB版　　(b) 蓝牙版

图 5.8　ELM327 实物图

ELM327 可通过安装在计算机或手机上的软件(如汽车检测大师)读取汽车 ECU 的数据和诊断故障代码。ELM327 可读取并通过手机 APP 和计算机软件实时显示发动机转速、瞬时油耗、瞬时车速等 40 多种参数，还可诊断发动机、传感器等多种故障，显示故障码多达 3000 多个，并具有故障码清除的强大功能。

ELM327 支持 1996 年以后生产的采用 OBD-Ⅱ协议的车型(包括 VPW、PWM、ISO、KWP2000、CAN 协议)。2008 年以后我国生产的所有车型和 2000～2008 年生产的合资品牌车型均能获得支持。

2)应用软件

试验选择应用软件车况检测大师进行数据采集和存储。车况检测大师是一款应用于 Android 平台的车主应用软件，集成云存储功能，能够提供多方面的服务，包括全面车辆体检、精准油耗分析、实时车况自定义显示、数据云同步、免输入快捷导航、车辆定位、行车轨迹、洗车指数、应急电话查询服务等。ELM327 油耗仪表盘和行程记录工作界面如图 5.9 和图 5.10 所示。

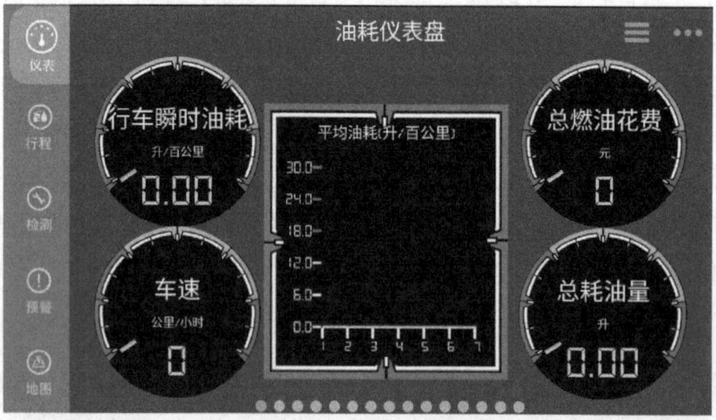

图 5.9　ELM327 油耗仪表盘

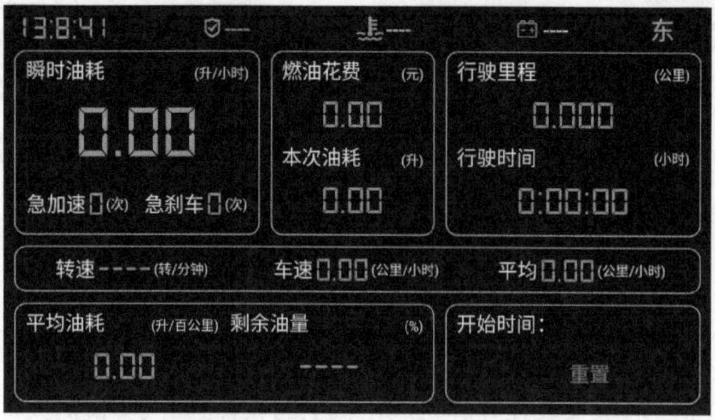

图 5.10　ELM327 行程记录工作界面

5.2.2　试验方法

本章试验选用蓝牙版 ELM327 作为试验设备，试验按以下步骤进行：

(1) 将蓝牙版 ELM327 插入 OBD-Ⅱ接口。

(2) 打开车况检测大师，注册账号、登录并连接车辆(若已有账号且连接车辆省略该步骤)。

(3) 点击车况检测大师屏幕下部“行程”按钮，然后选择屏幕上部“当次行程”，此时屏幕显示“瞬时油耗”、“燃油花费”、“转速”、“车速”、“平均油耗”、“行驶里程”等数据(若车辆连接成功，且发动机运转，则瞬时油耗不为“0”，且随时变化)。

(4) 打开完美录屏大师，选择“横屏录制”，开始录制屏幕，再打开车况检测大师“当次行程”页面，并保持该页面。

(5) 在平直道路上分别以 10km/h、20km/h、…、120km/h 匀速行驶 30s。

(6) 停止录制视频。

5.2.3　数据提取

1. 视频回放

打开手机屏幕录制软件，找到录制的试验视频。因试验平直路段不一定连续，因此试验过程允许中断，需要反复回放视频，以便找到车辆以 10km/h、20km/h、…、120km/h 匀速行驶 30s 所在的时间段。为了提高数据精度，降低误差，将 30s 以 5s 为单位分 6 个时间段，分别为 0、5s、…、30s 共 7 个时间点，然后取平均值，以路宝车试验为例，试验记录表见表 5.3。

表 5.3　车辆等速油耗记录表　　(单位：L/100km)

时间点	车速/(km/h)										
	20	30	40	50	60	70	80	90	100	110	120
0	5.43	5.17	5.21	5.15	5.32	5.32	5.21	6.32	6.32	6.76	6.87
5s	5.62	4.89	5.76	5.19	4.25	5.21	4.94	5.93	6.41	6.79	7.62
10s	5.71	5.31	5.65	4.74	4.27	5.12	5.45	6.42	5.96	6.45	7.85
15s	5.53	5.86	4.89	5.45	4.68	5.43	5.75	5.29	6.65	6.12	7.57
20s	5.82	5.32	4.68	5.39	5.18	5.21	6.14	6.22	6.42	7.88	8.58
25s	5.69	6.23	4.76	4.60	5.29	4.16	5.25	5.61	6.22	6.85	6.56
30s	5.93	5.52	5.78	4.62	4.57	4.36	4.63	5.28	5.81	6.29	6.47
平均值	5.68	5.47	5.25	5.02	4.79	4.97	5.34	5.87	6.26	6.73	7.36

用此方法得到其他车型试验数据见表 5.4。

表 5.4 试验车辆等速油耗汇总表 （单位：L/100km）

车型	车速/(km/h)										
	20	30	40	50	60	70	80	90	100	110	120
路宝	5.68	5.47	5.25	5.02	4.79	4.97	5.34	5.87	6.26	6.73	7.36
捷达	5.62	5.49	5.36	5.29	5.25	5.21	5.56	5.99	6.71	7.84	8.34
荣威 550	6.74	6.58	6.45	6.34	6.27	6.12	6.45	6.87	6.96	8.45	8.99
标志 307	7.51	7.26	7.09	6.86	6.68	6.53	6.82	7.29	7.65	8.12	8.98
君威	8.04	7.82	7.4	6.39	6.33	6.26	6.03	6.2	6.6	7.88	8.74
天籁	7.29	6.83	6.72	6.56	6.49	7.16	7.28	7.71	8.18	8.85	9.52
奔驰 C280	8.69	8.02	7.88	7.81	7.57	7.36	7.62	8.03	8.21	8.89	9.45

2. 软件提取

打开车况检测大师，点击“行程记录”，可以看到各次试验数据，包括里程、耗油量、平均油耗等数据，记录数据页面如图 5.11 所示。

图 5.11 记录数据页面

选择各次试验显示行程详情，包括行程地图、数据汇总、数据分析等内容。打开行程地图，显示本次试验经过的路段，默认以不同颜色显示试验车辆通过时的车速，显示试验全程瞬时车速行程地图。此外，行程地图还可以生成转速、加速度、平均油耗、行驶里程以及发动机运行参数等 46 种统计数据。

5.2.4　数据分析

1. 视频数据分析

根据视频回放提取的数据绘制 20～120km/h 等速油耗数据图，如图 5.12 所示。

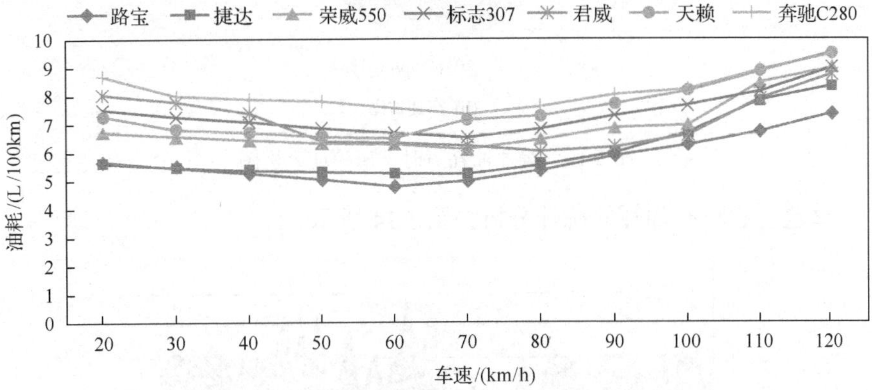

图 5.12　等速油耗试验视频提取数据分析图

由图可见，各试验车型等速油耗曲线呈开口向上的抛物线形。各试验车型等速油耗随车速变化而变化，先是随车速增加而降低，然后随车速增加而增加，试验车型经济车速，即转折点均出现在 60～80km/h。

2. 软件提取数据分析

选择“行程”→“行程记录”，选择试验行程显示“行程详情”，点击“数据分析”，由车况检测大师自带分析工具默认以试验车辆通过时的瞬时车速生成曲线图，试验全程瞬时车速统计分析如图 5.13 所示。

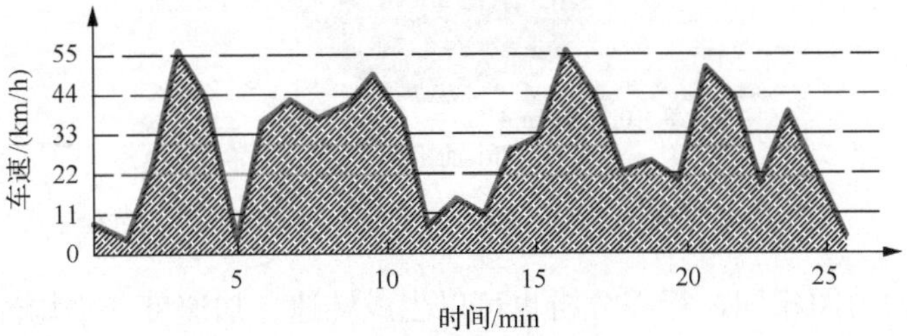

(a) 试验瞬时车速统计

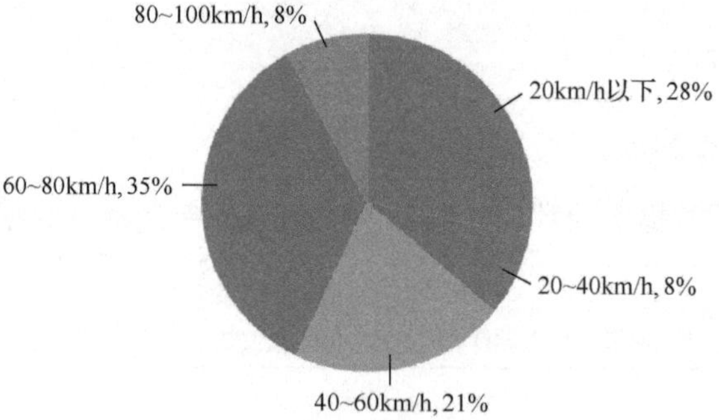

(b) 车速占比

图 5.13 等速油耗瞬时车速统计分析图

试验全程瞬时油耗的统计分析如图 5.14 所示。

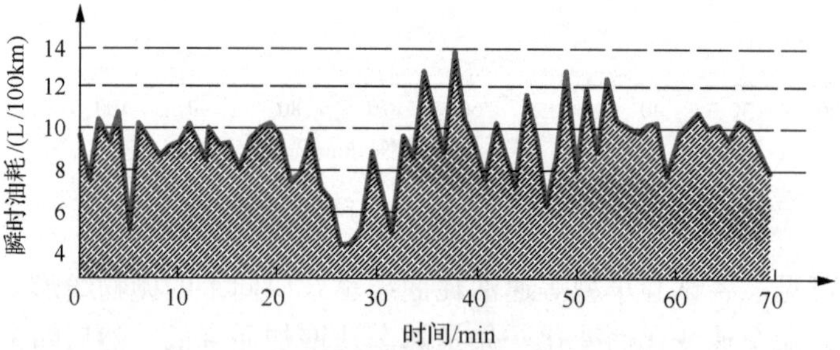

(a) 试验瞬时油耗统计

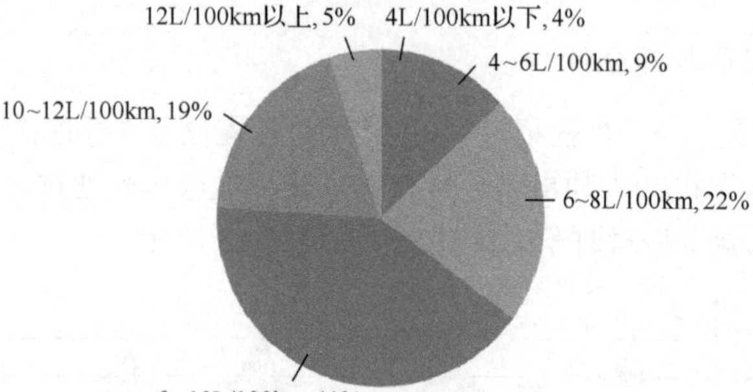

(b) 油耗占比

图 5.14 等速油耗试验软件提取瞬时油耗统计分析图

与行程地图相同，行程分析也可以生成转速、加速度、平均油耗、行驶里程及发动机运行参数等 46 种统计分析图。

5.3　超高速公路油耗预测

5.3.1　汽车行驶阻力

汽车行驶过程中，发动机将化学能转化成动能，动能做功克服行驶阻力。汽车行驶的阻力主要由四部分构成：滚动阻力，汽车轮胎在地面滚动时，受到与滚动方向相反的阻力；加速阻力，汽车加速时，克服汽车惯性的阻力；坡度阻力，汽车上坡时，重力沿坡道斜面的分力；空气阻力，空气对运动的汽车产生的阻碍力。

汽车在水平直线路段匀速行驶的阻力主要包括滚动阻力和空气阻力两大部分。

1)滚动阻力

汽车轮胎滚动时与路面的接触区域产生垂直和水平切向的相互作用力，同时轮胎和支撑面发生变形，轮胎和支承面的弹性变形量决定受力的特点。当具有较大弹性的轮胎在混凝土路面、沥青路面等较硬路面上滚动时，轮胎的变形是主要的。当轮胎发生变形时，轮胎内部分子摩擦会产生弹性迟滞，造成能量损失，也就是使轮胎变形时对它做的功，在轮胎变回原形时能量没有被完全回收。这就是轮胎的弹性迟滞损失造成滚动阻力的原因。分析轮胎滚动阻力产生的原因可知，轮胎刚性越大，滚动时产生的变形越小，滚动阻力也越小，因此汽车行驶时要使轮胎保持一定的气压。

通常用滚动阻力系数 f 来表示汽车重力与滚动阻力的比例关系，在计算实际滚动阻力时，用汽车重量乘以滚动阻力系数。当汽车质量一定时，滚动阻力与滚动阻力系数 f 成正比。影响滚动阻力系数的因素较多，主要包括路面的种类、车速以及轮胎的气压等，此外，路面干湿状况、轮胎的构造、材料对滚动阻力系数也有一定影响。不同路面状况的滚动阻力系数见表 5.5。

表 5.5　不同路面状况的滚动阻力系数[136]

路面类型	滚动阻力系数	路面类型		滚动阻力系数
良好的沥青或混凝土路面	0.010～0.018	压紧土路	干燥的	0.025～0.035
一般的沥青或混凝土路面	0.018～0.020		雨后的	0.050～0.150
碎石路面	0.020～0.025	干砂		0.100～0.300
良好卵石路面	0.025～0.030	湿砂		0.060～0.150
坑洼卵石路面	0.035～0.050	结冰路面		0.015～0.030
泥泞土路(雨季或解冻期)	0.100～0.250	压紧的雪道		0.030～0.050

由表 5.5 可见，汽车在良好的沥青或混凝土路面上行驶，其滚动阻力系数为 0.010～0.018；在一般的沥青或混凝土路面上行驶，其滚动阻力系数是 0.018～0.020。在汽车质量一定的条件下，滚动阻力不变，为固定值。

2) 空气阻力

汽车在运动时，前面的空气被压缩，后面的空气不能及时补充而压力降低，空气在汽车前后形成的压力差及车身两侧与空气的摩擦力构成空气阻力。空气阻力 F_{w} 的大小与汽车周围气流相对速度的动压力 $\left(\frac{1}{2}\rho u_{\mathrm{r}}^2\right)$ 成正比[137]，即

$$F_{\mathrm{w}} = C_{\mathrm{D}} A \times \frac{1}{2}\rho u_{\mathrm{r}}^2 \tag{5.8}$$

式中：C_{D} 为空气阻力系数，是无量纲量，理论上其大小只与汽车外形有关；A 为迎风面积，m^2；ρ 为空气密度，$\mathrm{kg/m}^3$；u_{r} 为汽车与周边空气的相对速度，无风时即为车速，m/s。

由式(5.8)可知，汽车行驶时受到的空气阻力与汽车迎风面积和汽车造型有关，空气阻力的大小和相对速度的平方成正比。降低空气阻力系数和减少迎风面积是降低风阻的有效方法，但是由于降低迎风面积同时会降低乘坐的舒适性，因此通过汽车空气动力学设计降低空气阻力系数是目前降低空气阻力最好的方法。

5.3.2 基于试验数据的预测

车速 120km/h 以下时，可通过实车试验的方式获取不同车速下的等速油耗，而车速超过 120km/h 时，实车上路试验既不合法，也不安全。因此，车速 120～180km/h 的瞬时油耗需要用软件进行预测。

本书利用 20～120km/h 的瞬时油耗试验数据，借助 SPSS 统计分析软件对 120～180km/h 的瞬时油耗进行预测。

1. 试验数据导入

SPSS 软件支持数据文件的格式有 SPSS、Excel、Lotus、SYLK、dBASE、SPSS/PC+、SPSS portable、Tab-delimited 等。常用的格式为 Excel 和 SPSS，如果数据文件不是以上几种格式，也可以采用其他途径将非兼容格式转化为以上几种格式，例如，若数据是 text 格式或 word 格式，可以先将其转换为 Excel 格式，再进行输入。

导入数据时，先选择“File”菜单的“Open”命令项，再选“Data...”项，弹出“Open Data File”对话框，确定文件所在位置和文件名后单击“OK”按钮，就完成了数据文件导入。试验数据为 Excel 格式，用以上方法直接打开导入即可，数据导入 SPSS 后如图 5.15 所示。

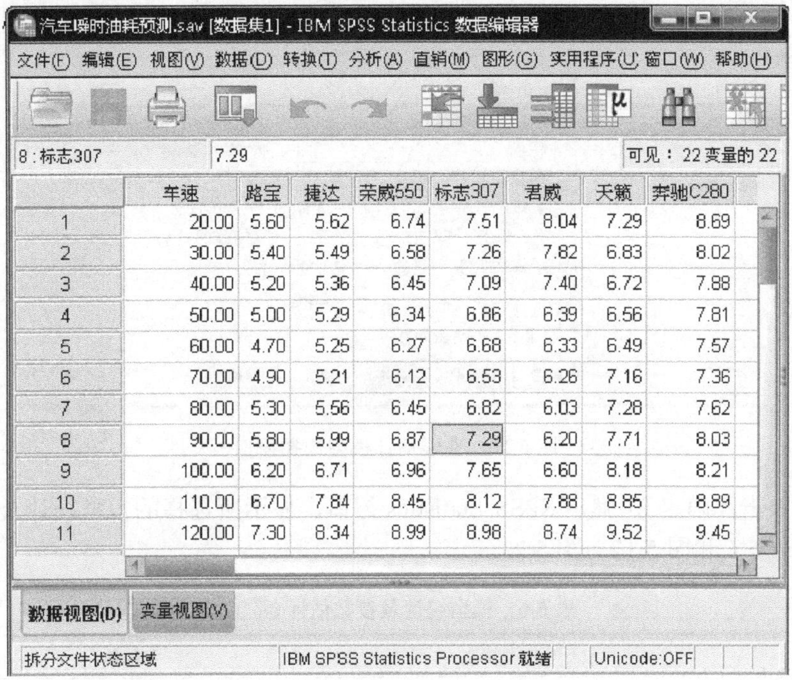

	车速	路宝	捷达	荣威550	标志307	君威	天籁	奔驰C280
1	20.00	5.60	5.62	6.74	7.51	8.04	7.29	8.69
2	30.00	5.40	5.49	6.58	7.26	7.82	6.83	8.02
3	40.00	5.20	5.36	6.45	7.09	7.40	6.72	7.88
4	50.00	5.00	5.29	6.34	6.86	6.39	6.56	7.81
5	60.00	4.70	5.25	6.27	6.68	6.33	6.49	7.57
6	70.00	4.90	5.21	6.12	6.53	6.26	7.16	7.36
7	80.00	5.30	5.56	6.45	6.82	6.03	7.28	7.62
8	90.00	5.80	5.99	6.87	7.29	6.20	7.71	8.03
9	100.00	6.20	6.71	6.96	7.65	6.60	8.18	8.21
10	110.00	6.70	7.84	8.45	8.12	7.88	8.85	8.89
11	120.00	7.30	8.34	8.99	8.98	8.74	9.52	9.45

图 5.15　瞬时油耗数据导入窗口

2. 预测模型选择

SPSS 统计分析软件提供了线性模型、对数模型、二次曲线模型、复合模型、幂模型、逻辑模型(Logistic)、三次曲线模型、增长模型、S 形曲线模型(S)、指数分布模型、逆模型等 11 个曲线拟合模型，对现有数据进行曲线拟合，并选取拟合度较好(模型中相关系数较大)的几个模型得出预测值，然后对各种方法所得数据进行平均，最后根据预测值给出推荐值。

打开 SPSS 统计分析软件导入的数据，在菜单栏中选择“分析”→“回归(R)”→“曲线估计(C)”，弹出曲线估计窗口。将“车速”导入“自变量”栏，并选择“变量”按钮，将“路宝”、…、“奔驰 C280”依次导入“因变量”，并将“模型”多选框全部选中。曲线估计模型选择如图 5.16 所示。

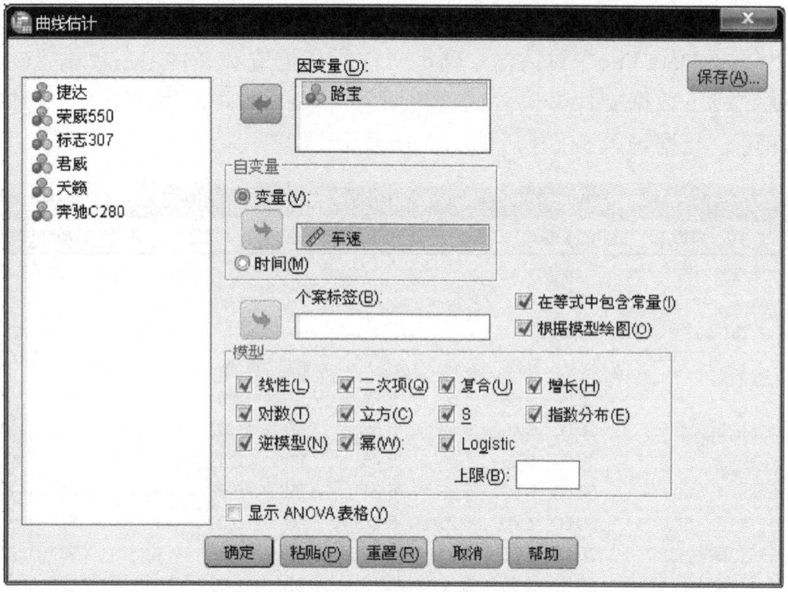

图 5.16　曲线估计模型选择窗口

单击“确定”，弹出 SPSS Statistics 窗口，显示所选择的模型统计及曲线图见表 5.6 和图 5.17～图 5.23。

表 5.6　模型统计及参数估计(路宝)

曲线模型	模型统计					参数估计			
	R	F	df_1	df_2	显著性	常数	b_1	b_2	b_3
二次项(Q)	0.978	176.817	2	8	2.3949×10^{-7}	6.834	–0.066	0.001	—
立方(C)	0.979	111.417	3	7	0.000003	7.115	–0.083	0.001	1.288×10^{-6}
线性(L)	0.505	9.191	1	9	0.014	4.443	0.017	—	—
对数(T)	0.283	3.560	1	9	0.092	2.565	0.748	—	—
逆模型(N)	0.114	1.161	1	9	0.309	6.052	–21.240	—	—
复合(U)	0.482	8.365	1	9	0.018	4.585	1.003	—	—
幂(W)	0.263	3.210	1	9	0.107	3.382	0.122	—	—
S	0.100	0.995	1	9	0.345	1.787	–3.365	—	—
增长(H)	0.482	8.365	1	9	0.018	1.523	0.003	—	—
指数分布(E)	0.482	8.365	1	9	0.018	4.585	0.003	—	—
Logistic	0.482	8.365	1	9	0.018	0.218	0.997	—	—

注：自变量为车速，因变量为等速油耗。

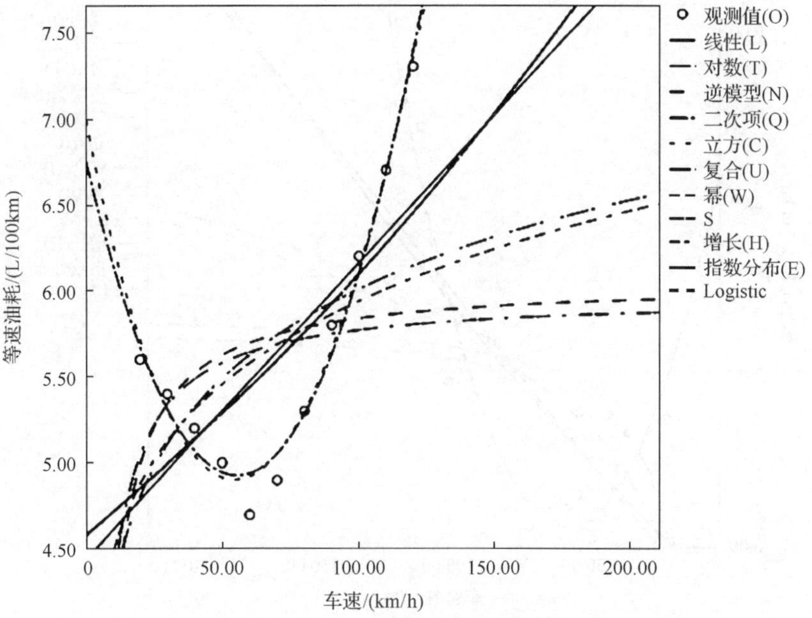

图 5.17　多模型选择曲线(路宝)

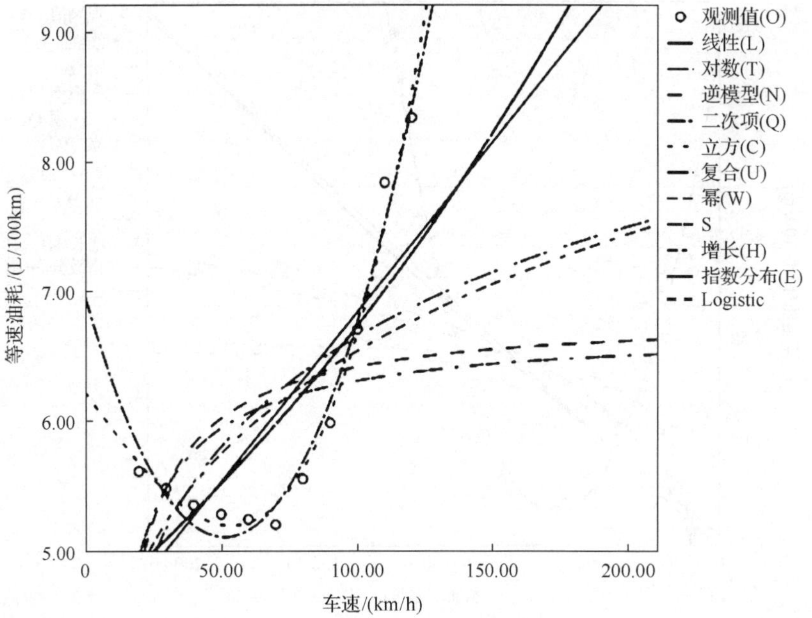

图 5.18　多模型选择曲线(捷达)

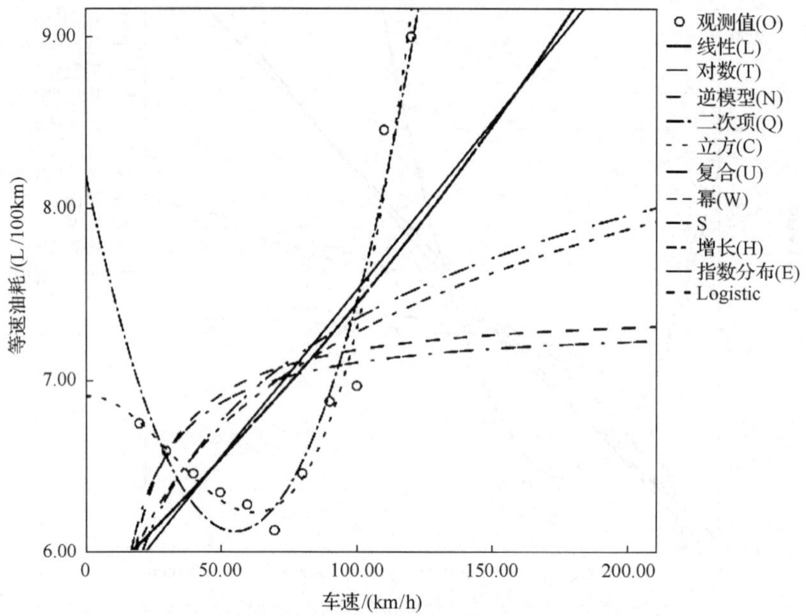

图 5.19　多模型选择曲线(荣威 550)

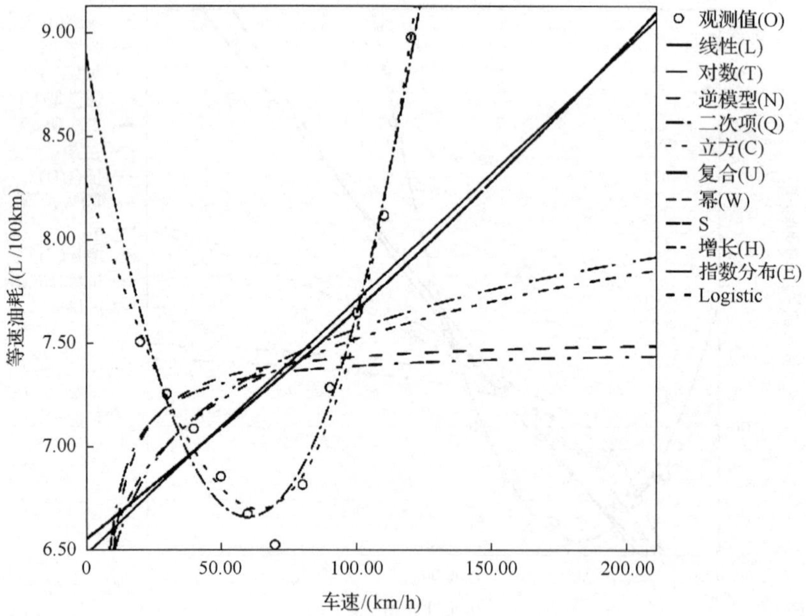

图 5.20　多模型选择曲线(标志 307)

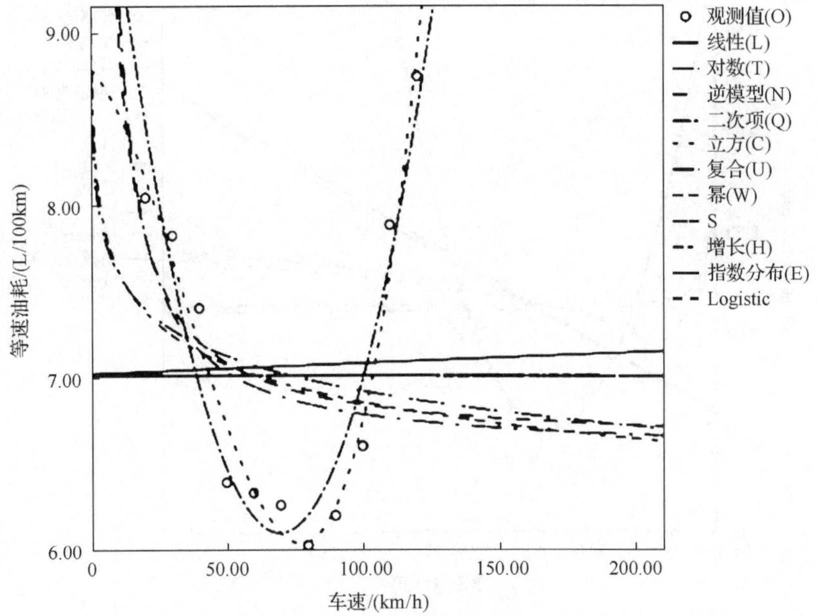

图 5.21　多模型选择曲线(君威)

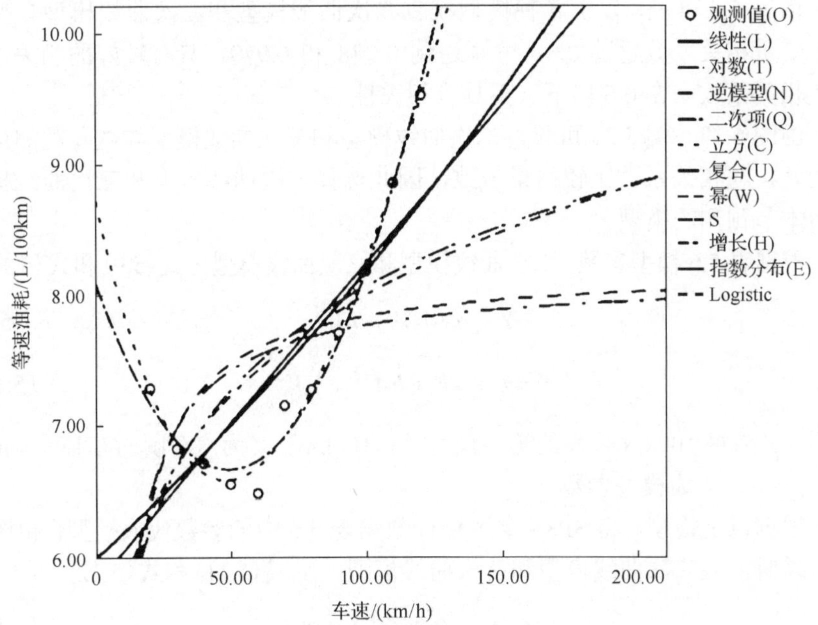

图 5.22　多模型选择曲线(天籁)

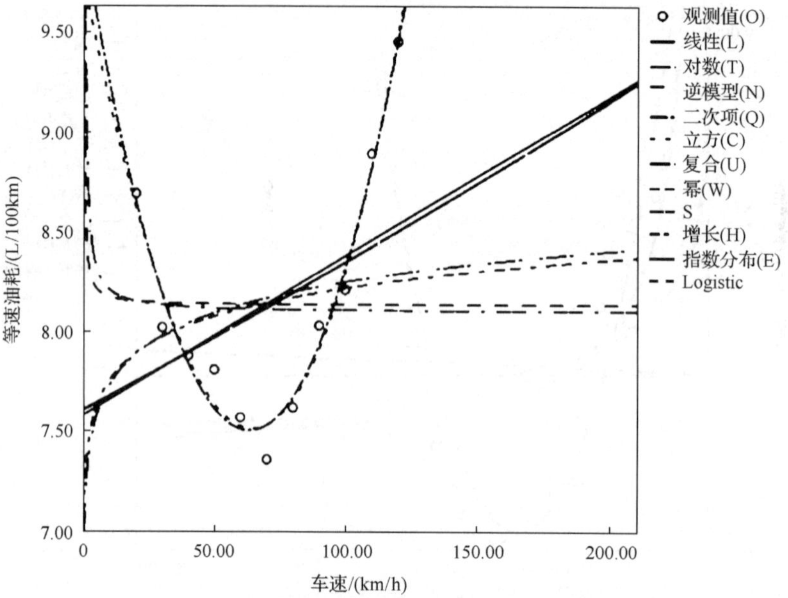

图 5.23　多模型选择曲线(奔驰 C280)

由表 5.6 可见，以上各种模型仅有二次曲线模型和三次曲线模型自变量和因变量相关系数超过 0.9，分别达到 0.978 和 0.979，具有较好的相关性。其他相关系数均在 0.6 以下，不具有相关性。

由图 5.17～图 5.23 可见，二次曲线模型和三次曲线模型与试验观测值拟合较好，与相关系数比较结果一致，因此选择二次曲线模型和三次曲线模型作为本节预测的模型。

根据表 5.6 模型参数，二次曲线模型和三次曲线模型见式(5.9)和式(5.10)。

$$Y = a + b_1V + b_2V^2 \tag{5.9}$$

$$Y = a + b_1V + b_2V^2 + b_3V^3 \tag{5.10}$$

式中：Y 为每 100km 行程的等速油耗，L/100km；V 为汽车瞬时车速，km/h；a、b_1、b_2、b_3 为模型参数。

根据以上模型，将 SPSS 参数估计数据表 5.6 中的参数代入模型，得路宝车型瞬时油耗二次曲线模型和三次曲线模型，见式(5.11)和式(5.12)。

$$Y = 6.384—0.066V + 0.001V^2 \tag{5.11}$$

$$Y = 7.115—0.083V + 0.001V^2—1.288\times10^{-6}V^3 \tag{5.12}$$

3. 预测结果分析

根据二次曲线模型和三次曲线模型得到等速油耗预测值分别见表 5.7 和表 5.8，其平均值见表 5.9。根据预测值和平均值绘图如图 5.24 和图 5.25 所示。

表 5.7　二次曲线模型预测等速油耗　（单位：L/100km）

车速/(km/h)	130	140	150	160	170	180
路宝	8.22	9.16	10.22	11.40	12.70	14.12
捷达	8.10	8.92	9.82	10.79	11.81	12.89
荣威 550	9.45	10.63	13.94	15.40	19.99	23.25
标志 307	9.82	11.36	13.19	15.32	17.77	20.56
君威	9.85	10.92	12.13	13.47	14.94	16.55
天籁	10.50	12.21	14.31	16.82	17.79	21.25
奔驰 C280	9.69	10.62	11.67	12.85	14.15	15.57

表 5.8　三次曲线模型预测等速油耗　（单位：L/100km）

车速/(km/h)	130	140	150	160	170	180
路宝	10.00	11.25	12.73	14.48	16.51	18.83
捷达	9.60	10.86	12.30	13.95	15.78	17.80
荣威 550	10.59	12.84	15.67	19.12	23.25	28.13
标志 307	10.49	11.49	12.61	13.85	15.20	16.67
君威	10.17	10.86	11.54	12.20	12.83	13.40
天籁	10.20	11.07	12.06	13.17	14.40	15.76
奔驰 C280	10.29	11.26	12.38	13.67	15.13	16.76

表 5.9　预测平均等速油耗　（单位：L/100km）

车速/(km/h)	130	140	150	160	170	180
路宝	9.11	10.20	11.48	12.94	14.60	16.48
捷达	8.85	9.89	11.06	12.37	13.79	15.34
荣威 550	10.02	11.73	13.80	16.26	19.12	22.43
标志 307	10.15	11.43	12.90	14.58	16.48	18.61
君威	10.01	10.89	11.84	12.84	13.89	14.97
天籁	10.35	11.64	13.18	15.00	17.10	19.50
奔驰 C280	9.99	10.94	12.03	13.26	14.64	16.17
平均值	9.78	10.96	12.33	13.89	15.66	17.64

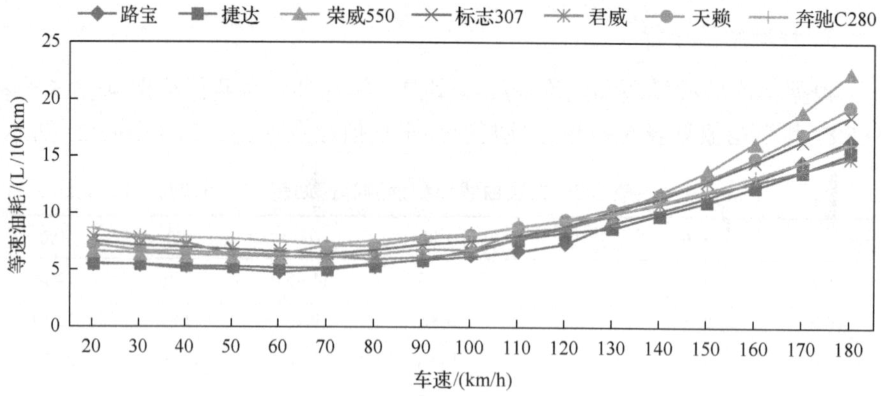

图 5.24　二次曲线模型预测等速油耗变化曲线

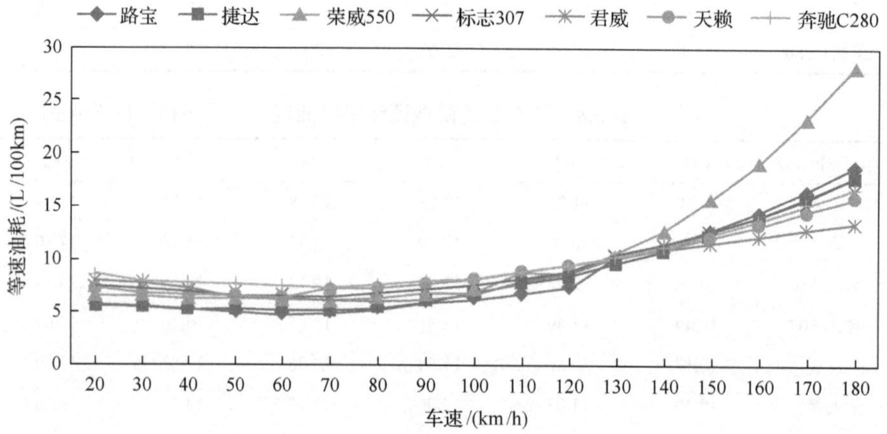

图 5.25　三次曲线模型预测等速油耗变化曲线

由表 5.7 和图 5.24 可见，车速在 140km/h 以下时，不同车型等速油耗差别不太明显。超过 140km/h 时，最高等速油耗的荣威 550 车型和最低等速油耗的捷达车型，等速油耗差异随车速增加越来越明显。到车速 180km/h 时，荣威 550 车型等速油耗达到 23.25L/100km，捷达等速油耗仅有 12.89L/100km，前者是后者的 1.80 倍。

由表 5.8 和图 5.25 可见，与二次曲线模型相同，车速在 140km/h 以下时，不同车型等速油耗差别不太明显。超过 140km/h 时，最高等速油耗的荣威 550 车型和最低等速油耗的君威车型，等速油耗差异随车速增加越来越明显。到车速 180km/h 时，荣威 550 车型等速油耗达到 28.13L/100km，君威等速油耗仅有 13.40L/100km，前者是后者的 2.10 倍。

由表 5.9 和图 5.26 可见，平均等速油耗变化规律与二次曲线模型和三次曲线模型基本相同，但是通过取平均值，各车型瞬时油耗差异缩小。车速在 140km/h 以下时，不同车型平均等速油耗差别不太明显。超过 140km/h 时，最高等速油耗的荣威 550 车型和最低等速油耗的君威车型，等速油耗差异随车速增加越来越明显。到车速 180km/h 时，荣威 550 车型等速油耗达到 22.43L/100km，君威瞬时油耗仅有 14.97L/100km，前者是后者的 1.50 倍。

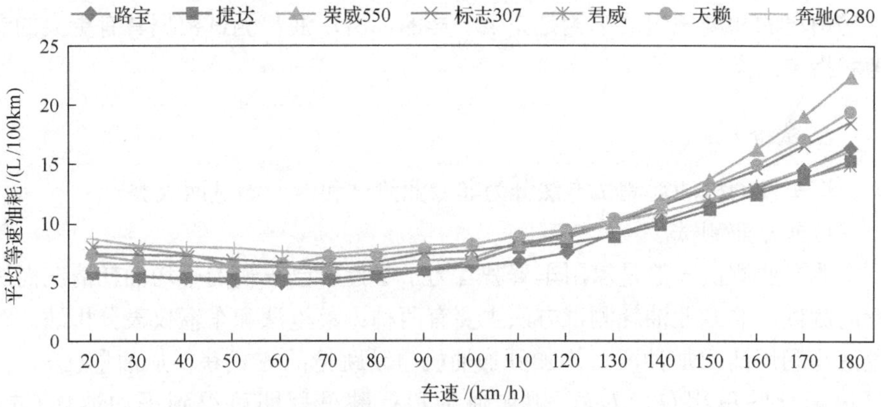

图 5.26　预测平均等速油耗变化曲线

由以上分析可知，汽车等速油耗变化规律符合二次曲线模型和三次曲线模型，当车速超过等速油耗最低的车速后，等速油耗随车速的增加而增加，且随着车速的增加，等速油耗的增加速度越来越快。140km/h、160km/h 和 180km/h 的预测等速油耗与 120km/h 的等速油耗比较见表 5.10。

表 5.10　不同车速平均等速油耗预测比较

车速/(km/h)	120	140	160	180
平均等速油耗/(L/100km)	8.77	10.96	13.89	17.64
车速倍数	1.00	1.17	1.33	1.50
油耗倍数	1.00	1.25	1.58	2.01

由表 5.10 可见，与 120km/h 平均等速油耗相比，当车速达到 140km/h、160km/h 和 180km/h 时，平均等速油耗将分别达到其 1.25 倍、1.58 倍和 2.01 倍。

5.3.3 基于网络数据的预测

1. 数据来源

本书基于网络数据的预测基础数据主要来自“易车测试”。“易车测试”是“易车网”的一个主要栏目，它的测试项目包含动力性、经济性、安全性、操纵稳定性、平顺性、通过性、产品可靠性等。“易车测试”经济性测试设定了油耗这个项目，并且由于测试车辆是在市场上购买的，而不是厂家提供的，市场销售的和测试用的车辆是完全一样的，所以油耗测试数据具有更大的参考和指导意义。

2. 试验方法

汽车发动机油耗测试方法分为非专业测试和专业测试两大类。

1) 非专业测试

非专业测试一般是家用车驾驶者为了掌握自己车辆的平均油耗情况而进行的测试。非专业油耗测试方法主要有两种：跳枪法和车辆仪表分析法。跳枪法是利用两次加油时，均加到加油机自动跳枪的方式获得加油量(Q)，同时记录行驶里程(L_1, L_2)，用加油量和行驶里程即可得到平均油耗($\overline{q}=100Q/(L_1-L_2)$，单位：L/100km)。由于不同的加油机跳枪时间存在差异，因此油量计量精度会有很大误差。同时，两次加油时温度不一定相同，由于热胀冷缩引起的误差也不可避免。

仪表分析法利用车辆本身的传感器和仪表显示的数据来对油耗进行分析，除能够计算百公里平均油耗外，还可以得到瞬时油耗、分段旅程油耗等。仪表分析法避免了跳枪时间存在的差异，降低了加油量的误差，但是温度引起的误差仍然存在。

2) 专业测试

专业测试是将油耗仪串联在汽车供油管路里按照国家相关标准进行测试。

“易车测试”属于专业测试，其试验项目、试验参数和试验方法均严格按照《汽车道路试验方法通则》(GB/T 12534—1990)进行试验测试。

“易车测试”采用的试验设备是专业的油耗仪，油耗单位为 mL，精度达到 0.01mL。在进行测试时，将油耗仪串联到测试车辆发动机供油管路上。“易车测试”采用的专业设备和测试方法，彻底避免了跳枪法存在的油耗计量不准的缺陷。同时，《汽车道路试验方法通则》(GB/T 12534—1990)对试验环境温度的规定，也从根本上解决了燃油体积热胀冷缩的问题。“易车测试”通过专业手段将油耗测试结果的误差降到最低。“易车测试”提供的汽车等速油耗汇总见表 5.11。

表 5.11　“易车测试”等速油耗汇总表　(单位：L/100km)

车型	60km/h	70km/h	80km/h	90km/h	100km/h
荣威 550 1.8L DVVT S 自动启臻版	5.58	5.18	5.64	6.04	6.73
新凯越 1.6AT LE	4.65	4.56	5.09	5.65	5.45
雷克萨斯 IS300	5.86	5.54	5.85	7.20	7.75
雪铁龙世嘉 1.6 手动舒适型	5.69	6.11	6.24	7.11	7.52
大众速腾 1.6 手动型	5.88	5.71	6.37	6.93	7.78
日产骐达 1.6 手动型	4.66	5.96	5.02	5.62	6.27
起亚福瑞迪 1.6 GLS 手动型	5.00	5.08	5.28	5.90	6.58
长安福特新嘉年华 1.5 手动时尚型	4.91	5.30	5.66	6.24	6.81
广州本田锋范 1.8 自动舒适型	4.76	4.93	5.25	5.68	6.15

3. 数据分析

与 5.3.2 节采用相同的方法，将数据导入 SPSS 软件(图 5.27)，并在曲线估计窗口选择所有模型(图 5.28)，生成 SPSS Statistics 文件，以荣威车型为例显示所选择的模型参数及曲线图见表 5.12 和图 5.29。

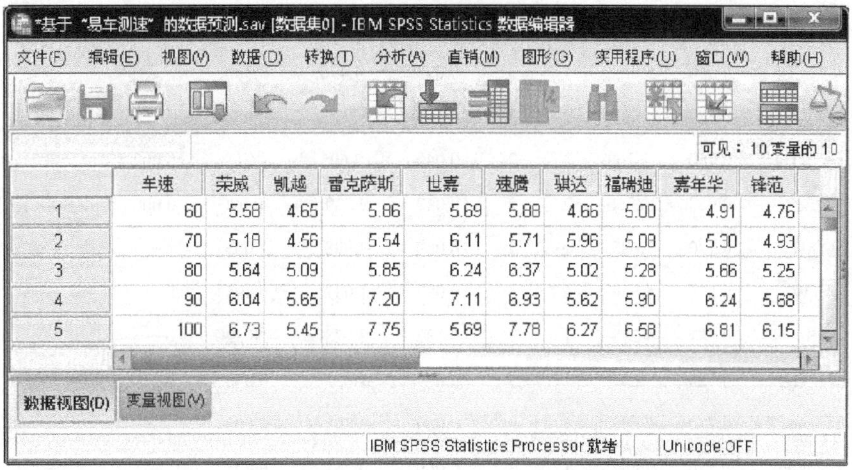

图 5.27　基于“易车测试”的瞬时油耗数据导入窗口

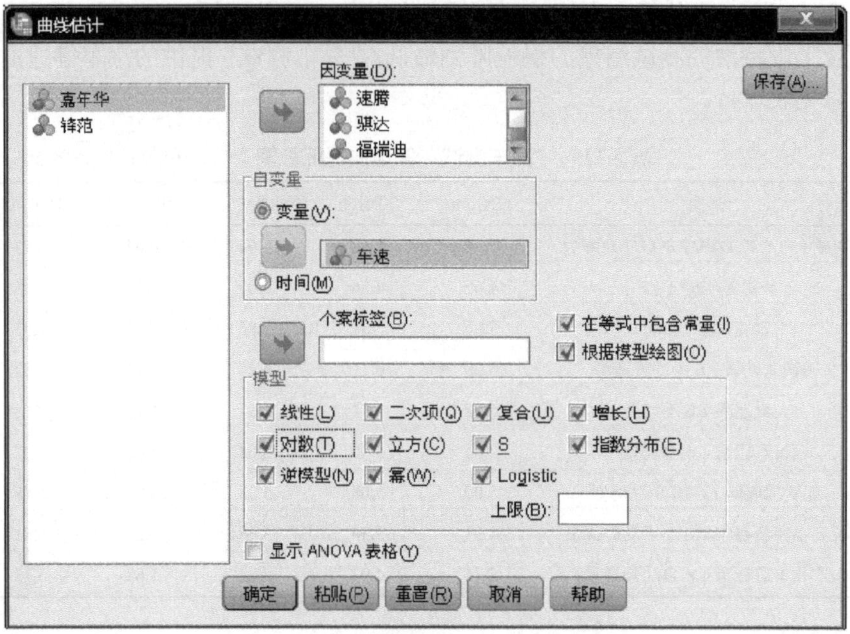

图 5.28　曲线估计窗口(荣威)

表 5.12　模型统计及参数估计(荣威)

曲线模型	模型统计					参数估计			
	R	F	df_1	df_2	显著性	常数	b_1	b_2	b_3
线性(L)	0.726	7.955	1	3	0.067	3.306	0.032	—	—
对数(T)	0.660	5.825	1	3	0.095	−4.470	2.360	—	—
逆模型(N)	0.589	4.302	1	3	0.130	8.035	−170.472	—	—
二次项(Q)	0.960	23.763	2	2	0.040	12.695	−.211	0.002	—
立方(C)	0.953	20.266	2	2	0.047	9.539	−0.090	0.000	6.214×10^{-6}
复合(U)	0.720	7.695	1	3	0.069	3.808	1.005	—	—
幂(W)	0.655	5.684	1	3	0.097	1.037	0.395	—	—
S	0.584	4.218	1	3	0.132	2.128	−28.520	—	—
增长(H)	0.720	7.695	1	3	0.069	1.337	0.005	—	—
指数分布(E)	0.720	7.695	1	3	0.069	3.808	0.005	—	—
Logistic	0.720	7.695	1	3	0.069	0.263	0.995	—	—

注：自变量为车速，因变量为等速油耗。

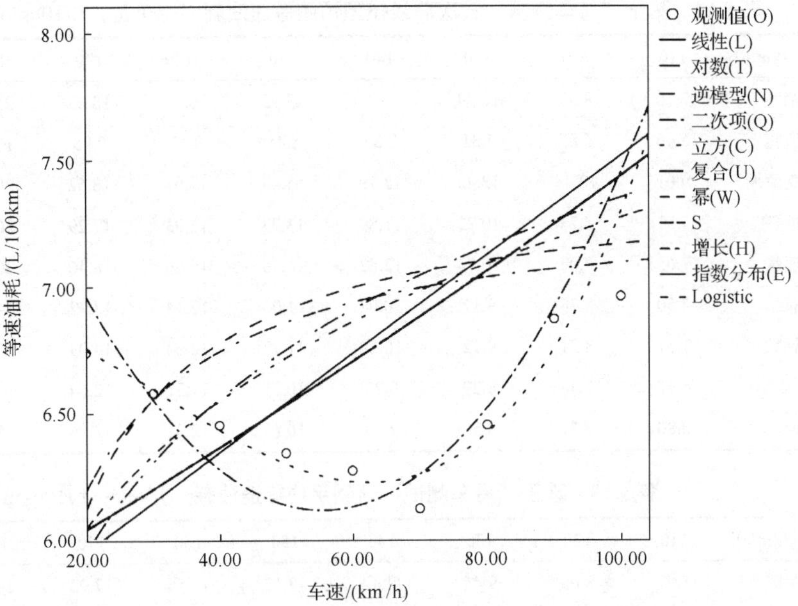

图 5.29　基于“易车测试”的模型选择(荣威)

由表 5.12 可见，以上各种模型仅有二次曲线模型和三次曲线模型自变量和因变量相关系数超过 0.9，分别达到 0.960 和 0.953，具有较好的相关性。其他相关系数均在 0.8 以下，不具有相关性。

根据图 5.29，基于“易车测试”的试验数据与基于试验数据的曲线分布规律相同，也符合二次曲线模型和三次曲线模型分布规律，因此用二次曲线和三次曲线模型分别进行预测，并取平均值，见表 5.13～表 5.15。

表 5.13　基于“易车测试”二次曲线模型预测等速油耗　(单位：L/100km)

车速/(km/h)	110	120	130	140	150	160	170	180
荣威	6.15	7.18	8.55	10.27	12.39	14.95	17.22	19.56
凯越	8.07	9.36	10.92	12.74	14.39	16.08	17.77	19.46
雷克萨斯	8.88	10.40	12.30	14.61	16.65	18.75	20.86	22.96
世嘉	8.76	10.82	13.54	15.82	18.21	20.60	22.99	25.38
速腾	7.42	8.72	10.30	12.15	14.28	16.69	19.38	22.34
骐达	7.50	8.97	10.85	13.17	14.85	16.73	18.62	20.51
福瑞迪	8.19	9.37	10.78	12.42	14.30	16.42	18.76	21.35
嘉年华	8.26	9.57	11.24	13.27	14.76	16.43	18.10	19.77
锋范	9.61	10.65	11.90	13.35	15.01	16.87	18.95	21.23

表 5.14 基于"易车测试"三次曲线模型预测等速油耗 （单位：L/100km）

车速/(km/h)	110	120	130	140	150	160	170	180
荣威	7.78	8.93	10.34	12.01	13.95	16.16	18.63	21.37
凯越	6.46	6.85	7.31	7.84	8.45	9.15	9.95	10.84
雷克萨斯	9.01	10.48	12.23	13.79	15.40	17.01	18.62	20.23
世嘉	7.57	8.78	10.22	11.89	13.79	15.93	17.29	20.89
速腾	7.65	9.02	10.73	12.82	14.66	16.56	18.46	20.36
骐达	7.50	8.26	9.11	10.04	11.05	12.14	13.32	14.58
福瑞迪	7.51	8.31	9.22	10.24	11.37	12.64	14.03	15.56
嘉年华	6.77	7.48	8.29	9.20	10.21	11.32	12.54	13.85
锋范	6.80	7.57	8.50	9.59	10.85	12.31	13.96	15.83

表 5.15 基于"易车测试"预测平均等速油耗 （单位：L/100km）

车速/(km/h)	110	120	130	140	150	160	170	180
荣威	6.97	8.06	9.45	11.14	13.17	15.56	17.92	20.46
凯越	7.27	8.11	9.12	10.29	11.42	12.61	13.86	15.15
雷克萨斯	8.95	10.44	12.27	14.20	16.03	17.88	19.74	21.60
速腾	8.17	9.80	11.88	13.86	16.00	18.27	20.14	23.14
骐达	7.54	8.87	10.52	12.49	14.47	16.62	18.92	21.35
福瑞迪	7.50	8.62	9.98	11.61	12.95	14.44	15.97	17.55
嘉年华	7.85	8.84	10.00	11.33	12.84	14.53	16.40	18.46
锋范	7.52	8.53	9.77	11.24	12.49	13.88	15.32	16.81
平均值	7.72	8.91	10.37	12.02	13.67	15.47	17.28	19.31

利用"易车测试"平均等速油耗各预测值与车速 120km/h 时的平均等速油耗进行比较见表 5.16。

表 5.16 基于"易车测试"不同车速平均等速油耗预测比较

车速/(km/h)	120	140	160	180
平均等速油耗/(L/100km)	8.91	12.02	15.47	19.31
车速倍数	1.00	1.17	1.33	1.50
油耗倍数	1.00	1.35	1.74	2.17

由表 5.16 可见，根据"易车测试"平台数据，利用 SPSS 软件二次曲线模型和三次曲线模型预测结果，当车速达到 140km/h、160km/h、180km/h 时，

其平均等速油耗分别是时速为 120km/h 时的 1.35 倍、1.74 倍和 2.17 倍。

5.3.4　超高速公路油耗预测分析

基于试验和基于“易车测试”预测的超高速公路平均等速油耗比较见表 5.17。

表 5.17　基于试验和基于“易车测试”预测平均等速油耗比较

车速/(km/h)	120	140	160	180
平均等速油耗(基于试验)/(L/100km)	8.77	10.96	13.89	17.64
平均等速油耗(基于“易车测试”)/(L/100km)	8.91	12.02	15.47	19.31
平均值/(L/100km)	8.84	11.49	14.68	18.48
车速倍数	1.00	1.17	1.33	1.50
油耗倍数	1.00	1.30	1.66	2.09

由表 5.17 可见，两种方法预测的百公里油耗平均值，与车速 120km/h 平均值相比，当车速达到 140km/h、160km/h 和 180km/h 时，平均值将分别达到其 1.30 倍、1.66 倍和 2.09 倍。

第 6 章 超高速公路经济性评价

本章在分析普通高速公路、高速铁路造价的基础上，对超高速公路造价进行估算，并以此为依据，参考普通高速公路建设成本和通行费收取标准确定了各级超高速公路通行费标准。根据超高速公路通行费收取标准和第 5 章预测的各级超高速公路燃油消耗费用计算超高速公路使用单车成本和单人成本。在公路客运、铁路客运和民航票价分析的基础上，计算以上几种出行方式的每公里单人成本，并与超高速公路每公里单人成本进行比较。

6.1 超高速公路使用成本

6.1.1 普通高速公路造价分析

目前我国双向 4 车道高速公路路基标准横断面宽度一般取 24.5m，双向 6 车道一般取 32.5m，高速公路的规划用地红线宽度为 80～100m。通过交通运输部网站查询，2014 年交通运输部批复的四车道普通高速公路平均造价约为 0.77 亿元/km，但普通高速公路造价因地形、车道数、设计速度不同而有较大差异，见表 6.1。东北平原地区设计速度 120km/h，双向 4 车道高速公路造价不超过 0.50 亿元/km，而南方山区高速公路设计速度 120km/h，双向 6 车道高速公路平均造价约为 1.30 亿元/km。

表 6.1 普通高速公路造价比较

起终点	里程/km	投资/亿元	平均造价/(亿元/km)	建设时间/年	车道数/条	设计速度/(km/h)
长春—双辽	118.5	53.9	0.46	2013～2015	4	120
鄄城—菏泽	44.6	25.9	0.58	2014～2015	4	120
东阿—聊城	75.3	91.9	1.22	2015～2018	6	120
德阳—简阳	104.6	136.2	1.30	2015～2018	6	120
信宜—电白	122.3	109.6	0.90	2013～2015	4	100
连平—从化	85.0	100.0	1.18	2012～2015	6	100

6.1.2　高速铁路造价分析

相对于普通高速公路，高速铁路的桥隧比普遍较高，不同地区建造成本差异稍小，一般造价在 1.0 亿～1.4 亿元/km，见表 6.2。也有极少数因拆迁费用极高而造成天价的，不具有参考价值。例如，广深港高铁广深段 107km，投资 205 亿元，单价 1.92 亿元/km；广深港高铁香港段 26km，投资 750 亿元，单价 28.99 亿元/km。

表 6.2　高速铁路造价比较

起终点	里程/km	投资/亿元	平均造价/(亿元/km)	实施时间/年	设计速度/(km/h)
哈尔滨—大连	921	923.0	1.00	2007～2012	350
哈尔滨—齐齐哈尔	282	312.4	1.11	2009～2015	250～300
北京—天津	120	133.2	1.11	2005～2008	350
郑州—武汉	483	671.0	1.39	2008～2012	350
吉林—珲春	359	416.0	1.16	2013～2015	250

6.1.3　超高速公路造价估算

超高速公路建设成本与普通高速公路建设成本组成基本相同，但是不同等级超高速公路因建设方式和服务对象不同而差异较大。

超一级高速公路将在普通高速公路基础上改建、扩建，其工程内容主要为裁弯取直、填低削高，增加安全设施，涉及征地拆迁费用低。此外，超一级高速公路建设必须选择平原地区平面线形较好，具有改造价值的高速公路进行改造，有利于进一步降低成本。

超二级高速公路和超三级高速公路分别是载客汽车专用公路和自动驾驶小汽车专用公路，与普通高速公路和超一级高速公路相比，桥隧比将有所提高，但是因排除大货车通行，其荷载等级将大大降低，超三级高速公路是自动驾驶小汽车专用公路，荷载等级将进一步降低。荷载等级的降低将大大降低超高速公路的建设成本。

根据以上分析，参考普通高速公路和高速铁路建设成本，考虑未来施工技术的提高和物价的上涨等综合因素，估算双向 6 车道超高速公路造价，见表 6.3。

表 6.3　超高速公路造价估算

公路等级	建设标准		平均造价/(亿元/km)
	改造前	改造后	
超一级高速公路	双向 4 车道 120km/h	双向 6 车道 140km/h	0.5～0.8
	双向 6 车道 120km/h	双向 6 车道 140km/h	0.3～0.5
	新建双向 6 车道 140km/h 超高速公路		0.8～1.5
超二级高速公路	新建双向 6 车道 160km/h 超高速公路		1.0～2.0
超三级高速公路	新建双向 6 车道 180km/h 超高速公路		1.5～2.5

6.1.4　超高速公路使用成本估算

1. 燃油费用

基于试验和“易车测试”两种数据来源，用 SPSS 统计分析软件预测得到平均等速油耗，取平均值(表 5.17)，当 93 号汽油价格为 5.98 元(2016 年 10 月 23 日，哈尔滨)时，燃油费用见表 6.4。

表 6.4　超高速公路燃油费用预测值

车速/(km/h)	120	140	160	180
平均等速油耗/(L/100km)	8.84	11.49	14.68	18.48
燃油费用/(元/km)	0.53	0.69	0.88	1.11

2. 通行费用

我国高速公路收费标准各地差异较大，总体而言，东南沿海地区较高，西部、北部地区较低。以七座以下四轮小轿车为例，山东省、内蒙古自治区、吉林省、安徽省、四川省、广西壮族自治区等地高速公路的收费均价为 0.40 元/km，北京市高速公路收费均价为 0.50 元/km，天津市为 0.55 元/km，福建省高速公路收费均价为 0.55 元/km。我国高速公路收费标准最高的是上海市，上海市高速公路收费均价达到 0.6 元/km。

综合考虑全国的高速公路收费标准，七座以下四轮小轿车公路收费均价大约为 0.50 元/km。超一级高速公路改扩建成本约为普通高速公路的 50%，超一级高速公路建设总成本约为普通高速公路的 1.5 倍；超二级高速公路和超三级高速公路新建成本约为普通高速公路的 2.0 倍和 2.5 倍。

根据普通高速公路建设成本、收费标准、高速铁路建设成本和超高速公路建设成本，初步估算超高速公路每公里通行费标准见表 6.5。

表 6.5　超高速公路通行费估算

公路等级	普通高速公路通行费/(元/km)	超高速公路建设成本/普通高速公路建设成本	收费标准/(元/km)
超一级高速公路	0.5	1.5	0.75
超二级高速公路	0.5	2.0	1.00
超三级高速公路	0.5	2.5	1.25

3. 使用单车成本及单人成本

超高速公路使用成本主要包括两大部分：燃油费用和通行费，根据表 6.4、表 6.5 计算超高速公路单车使用成本，并按照每车五座计算单人成本，见表 6.6。

表 6.6　超高速公路使用成本

车速/(km/h)	120	140	160	180
平均等速油耗/(L/100km)	8.84	11.49	14.68	18.48
燃油费用/(元/km)	0.53	0.69	0.88	1.11
通行费/(元/km)	0.50	0.75	1.00	1.25
单车成本/(元/km)	1.03	1.44	1.88	2.36
单人成本/(元/km)	0.21	0.29	0.38	0.47

6.2　公路客运价格分析

6.2.1　公路客运定价规则

目前我国公路客运价格执行的是交通运输部及国家发展和改革委员会发布的《汽车运价规则》和《道路运输价格管理规定》。这两个文件对公路旅客运价的计算标准、计价规则和旅客票价计算方法进行了具体的规定。

1. 旅客运价

《汽车运价规则》规定公路客运票价计算里程以千米为单位，尾数小于 1km 的，按照四舍五入法进行计算。

(1) 计费里程。我国公路客运营运线路里程按照交通运输部编制的《中国公路营运里程图集》计算。《中国公路营运里程图集》中没有明确标出的，由各地交通运输主管部门(省、市道路运输管理局，县道路运输管理所)按照实际里程核定。

(2) 里程计算。公路旅客的运输里程按实际乘车里程进行计算。

2. 计价规定

(1)旅客运价的制定计算依据主要有车辆类别、车辆等级和车型等。

(2)车辆类别的划分。根据《汽车运价规则》，公路客车车辆类别分为座席客车和卧铺客车两大类。其中，座席客车根据乘坐舒适程度和车辆等级又划分为普通、中级、高一级、高二级、高三级共 5 个档次；卧铺客车根据同样的标准划分为普通、中级、高级共 3 个档次。

6.2.2 旅客运费计算方法

1. 客运票价构成

公路客运票价由车型运价、里程运价、站务费、通行费、燃油附加费等组成。

2. 运费单位

(1)旅客票价单位。每张公路客票的最低票价为 1 元。当票价为 1～10 元时，尾数小于或等于 0.2 元时舍去；尾数为 0.3～0.7 元时，取 0.5 元；尾数为 0.8～0.9 元时，取整为 1 元；票价超过 10 元，尾数不足 1 元时，四舍五入。

(2)旅客行包运费单位。行包运费计费单位为元，单张运单费用合计尾数不超过 1 元时，用四舍五入法进行计算。

6.2.3 公路客车实际票价

根据以上公路客车票价定价规则，结合 12308 全国汽车票预订平台查询结果，公路客车实际票价见表 6.7。

表 6.7 公路客车实际票价

序号	起点	终点	运营参数			价格	
			里程/km	驾驶时间	平均车速/(km/h)	票价/(元/人)	单价/[元/(人·km)]
1	哈尔滨	郑州	682	7h10min	95.16	130	0.19
2	上海	北京	1204	14h5min	85.49	311	0.26
3	北京	青岛	642	7h50min	81.96	230	0.36
4	成都	南充	221	2h55min	75.77	63	0.29
5	上海	合肥	467	5h50min	80.06	147	0.31
6	哈尔滨	佳木斯	362	4h20min	83.54	100	0.28
7	哈尔滨	沈阳	628	7h45min	81.03	154	0.25
平均值			601	6h58min	83.29	162	0.28

由表 6.7 可见，我国公路客运平均车速为 83km/h 左右，票价单价为 0.28 元/(人·km)。

6.2.4　高速公路自驾费用估算

百度地图是百度提供的一项网络地图搜索服务，覆盖了国内近 400 个城市、数千个区县。在百度地图里，可以查询主要道路、商业区、居民小区、企事业单位的地理位置，可以方便地根据起点和终点选择最近或者用时最短的出行路线。百度地图有电脑版和手机版等多种版本。

用手机 App 版“百度地图”搜索不同城市作为路线查找的起点和终点，选择出行方式为“驾车”，软件将显示起点和终点间的最优路径，并提供驾驶时间、行驶里程、所需过路费和全程通过信号灯数量等信息。通过百度地图可以方便地估算不同城市之间驾驶里程、所需费用和时间。

城市间长途驾驶平均车速约为 100km/h，根据表 5.4 计算车速为 100km/h 时平均油耗为 7.22L/km，2016 年 8 月 5 日，93 号汽油价格为 5.71 元/L，每公里油耗为 0.4125 元。因此，基于百度地图的公路自驾费用估算见表 6.8。

表 6.8　高速公路自驾费用估算表

序号	起点	终点	运营参数			价格				
			里程/km	驾驶时间	平均车速/(km/h)	过路费/(元/km)	单价/(元/km)	油耗/(元/km)	每车费用/[元/(veh·km)]	每座费用/[元/(座·km)]
1	哈尔滨	北京	1210	13h25min	90.19	605	0.50	0.4125	0.91	0.180
2	北京	上海	1199	13h00min	92.23	580	0.48	0.4125	0.90	0.182
3	成都	武汉	1125	12h35min	89.40	570	0.51	0.4125	0.92	0.180
4	上海	广州	1466	17h05min	85.81	720	0.49	0.4125	0.90	0.184
5	武汉	上海	805	8h10min	98.57	405	0.50	0.4125	0.92	0.180
6	北京	武汉	1135	11h30min	98.70	575	0.51	0.4125	0.92	0.184
	平均值		1157	12h38min	92.48	576	0.50	0.4125	0.91	0.182

由表 6.8 可见，目前城市间小汽车自驾过路费单价为 0.48～0.51 元/km，单价平均值为 0.50 元/km，公路自驾总费用在 0.90～0.92 元/(veh·km)，平均值为 0.91 元/(veh·km)。小汽车按每车 5 座计算，价格为 0.180～0.184 元/(座·km)，平均值为 0.182 元/(座·km)。

6.3 铁路客运价格分析

6.3.1 铁路客运票价组成

火车票的票价不是简单按照席别(硬座、硬卧、软座、软卧)划分的，而且不是简单地按照单位里程价格×总里程计算出来的，它的计算比较复杂。高铁、动车的票价因涉及加快票价、空调票价等，其定价规则更为复杂。

我国铁路客运票价包括三部分：

(1)客票票价。客票票价有 4 种，包括硬座、软座、市郊及棚车客票票价(棚车已经取消)，其中硬座票价是基础票价，软座等票价均以硬座票价为基础，按一定比率换算。

(2)附加票票价。附加票票价包括加快、卧铺、空调票票价，附加票票价也以硬座票价为基础。

(3)保险费。前两部分构成基本票价，因此也可以说，铁路客运票价包括基本票价和旅客意外伤害强制保险费两部分，基本票价是以每人每千米的票价率为基础，按照旅客旅行的距离和不同的列车设备条件，采取递远递减率的办法确定。保险费按硬座客票基本票价的 2%计算，作为旅客旅行中发生意外伤害时支付保险费的基金。

6.3.2 铁路客运计价规则

1. 基础票价与各种票价

铁路客运票价以硬座票价率为基础，制定铁路客运票价时，首先需要确定硬座客票的基础票价率，然后按基础票价率增加或降低的比例计算其他各种车票的票价率。目前我国普通铁路客运各种票价执行《铁路客运运价规则》确定的票价率和比例，见表 6.9。

2. 旅客票价旅程区段

铁路旅客票价并不是完全按运输里程进行计算的，而是按区段进行计算的。铁路部门将一条运输线路按里程分为多个区段，同一区段票价相同。旅客票价里程区段划分标准见表 6.10。

表 6.9　各种票价率和比例

<table>
<tr><th colspan="2">票种</th><th>票价率
/[元/(人·km)]</th><th>比例/%</th><th colspan="3">票种</th><th>票价率
/[元/(人·km)]</th><th>比例/%</th></tr>
<tr><td colspan="2">硬座客票</td><td>0.05861(基础)</td><td>100</td><td rowspan="5">卧铺票</td><td rowspan="3">开放式</td><td>上铺</td><td>0.06447</td><td>110</td></tr>
<tr><td colspan="2">软座客票</td><td>0.11722</td><td>200</td><td>中铺</td><td>0.07033</td><td>120</td></tr>
<tr><td colspan="2">市郊客票</td><td>单程 0.04982</td><td>85</td><td>下铺</td><td>0.07619</td><td>130</td></tr>
<tr><td colspan="2">月票</td><td>按市郊单程票价率 18 回计算</td><td>—</td><td rowspan="2">包房</td><td>上铺</td><td>按开放式硬卧中铺票价另加30%计算</td><td>—</td></tr>
<tr><td colspan="2">季票</td><td>按市郊单程票价率 40 回计算</td><td>—</td><td>下铺</td><td>按开放式硬卧下铺票价另加30%计算</td><td>—</td></tr>
<tr><td colspan="2">棚车客票</td><td>按硬座客票半价计算</td><td>—</td><td rowspan="2">软卧票</td><td colspan="2">上铺</td><td>0.10257</td><td>175</td></tr>
<tr><td rowspan="2">加快票</td><td>普快</td><td>0.01172</td><td>20</td><td colspan="2">下铺</td><td>0.11429</td><td>195</td></tr>
<tr><td>快速</td><td>按普快票价 2 倍计算</td><td>—</td><td rowspan="2">高级软卧</td><td colspan="2">上铺</td><td>0.12308</td><td>210</td></tr>
<tr><td colspan="2">空调票</td><td>0.01465</td><td>25</td><td colspan="2">下铺</td><td>0.13480</td><td>230</td></tr>
</table>

表 6.10　旅客票价里程区段划分标准

区段里程/km	每区段里程/km	区段数	区段里程/km	每区段里程/km	区段数
1～200	10	20	1601～2200	60	10
201～400	20	10	2201～2900	70	10
401～700	30	10	2901～3700	80	10
701～1100	40	10	3701～4600	90	10
1101～1600	50	10	4601 以上	100	10

3. 递远递减率

旅客运输服务成本包括两部分：一部分是起点、终点铁路客运站的服务，服务成本不随里程增加而增加；另一部分随车移动、实现位移的服务，服务成本与里程成正比。因此，乘车里程越远，客运站的服务成本占比就越小。根据票价体现服务的公平原则，铁路旅客票价采取递远递减率的办法进行计算，并从 201km 起实行。《铁路客运运价规则》规定的各里程区段的递远递减率和硬座票价递减票价率见表 6.11。

表 6.11 旅客票价递远递减率和递减票价率(以硬座票价为例)

区段里程/km	递减率/%	票价/[元/(人·km)]	各区段全程票价/元	区段累计票价/元
1～200	0	0.058610	11.7220	11.7220
201～500	10	0.052749	15.8247	27.5467
501～1000	20	0.046888	23.4440	50.9907
1001～1500	30	0.041027	20.5135	71.5042
1501～2500	40	0.035166	35.166	106.6702
≥2501	50	0.029305	—	—

6.3.3 旅客票价计算方法

铁路旅客票价包括基本票价、保险费和附加费三部分。

(1)基本票价。铁路旅客票价以按区段里程计算为主，初始区段不足最小里程按最小里程计算。

(2)保险费。铁路旅客保险费均按硬座客票基本票价的 2%计算，不分坐票或卧铺票等级，并以 0.1 元为单位，不足 0.1 元的按照 0.1 元计算。

(3)附加费。附加费主要包括铁路旅客发展基金、候车室空调费等。当旅客票价低于 5 元时，旅客发展基金为 0.5 元；高于 5 元时，旅客发展基金为 1 元。候车室空调费仅部分线路收取。

6.3.4 票价计算举例

1. 北京站至丰台杨村站票价计算实例

北京站至丰台杨村站铁路线全长 17km，执行车次为 6451 次，该车为普通无空调硬座普通铁路客车。根据计价规则，运行里程为 17km，小于最小里程 20km，因此按最小里程 20km 计算。

硬座客票：0.05861×20＝1.1722(元)；

保险费：1.1722×2%＝0.02344(元)，不足 0.1 元的按照 0.1 元计算；

旅客票价：1.1722+0.1＝1.2722(元)，四舍五入得 1 元；

客票发展金：0.5 元；

合计票价：1+0.5＝1.5(元)。

2. 沈阳北至北京站

沈阳北至北京站线路全长 732km，执行车次为 K54 次，该车为新空调高级快速列车。根据计价规则和里程分段，732km 和 707km 票价处于一个区段，普通票价和上例相同。

以下直接从新空调上浮票价开始计算。

软座客票：(37.86206×200%+0.8)×308%＝77×308%＝237.16(元)，四舍五入得 237 元；

加快票：8×308%＝24.64(元)，四舍五入得 25 元，快速＝普快×2=25×2=50(元)；

空调票：9×308%＝27.72(元)，四舍五入得 28 元；

卧铺票：(37.86206×195%)×308%＝74×308%＝227.92(元)，四舍五入得 228 元；

附加费：客票发展金 1 元；

合计票价：237+50+28+228+1＝544(元)。

以上计算的票价为普通票价，根据《铁路客运运价规则》规定，老人、小孩、军人等还有优惠或免费票价。

6.3.5　实际票价分析

根据《铁路客运运价规则》规定的以上计价规则和方法，并在铁路客户服务网站查询得到部分区段铁路客车票价如下。

1. 特快列车实际票价

特快列车是特别快速旅客列车的简称，票面车次编号前的字母 T 是“特”字汉语拼音的首字母，特快列车最高时速为 140km。跨铁路局的特快列车全程只在省会城市、副省级市和少数主要地级市等特大火车站停靠，铁路局内的特快列车全程一般只在地级市停靠。部分城市间特快列车实际票价见表 6.12。

表 6.12　部分城市间特快列车实际票价

序号	车次	起点	终点	运营参数			票价			
				里程/km	运营时间	平均车速/(km/h)	硬座		卧铺(下)	
							元	元/km	元	元/km
1	T184	哈尔滨	武汉	2435	26h29min	91.94	263.5	0.11	477.5	0.20
2	T18	哈尔滨	北京	1249	11h41min	106.90	152.5	0.12	279.5	0.22
3	T110	北京	上海	1463	15h29min	94.49	177.5	0.12	325.5	0.22
4	T39	北京	沈阳	859	9h23min	91.55	112.0	0.13	208.0	0.24
5	T194	郑州	武汉	516	5h23min	95.85	72.0	0.14	136.0	0.26
平均值				1304	13h41min	96.15	155.5	0.12	285.3	0.23

由表 6.12 可见，我国特快列车硬座票价在 0.11～0.14 元/km，平均值为 0.12 元/km；卧铺(下)票价在 0.20～0.26 元/km，平均值为 0.23 元/km。

2. 动车列车实际票价

动车列车是由动车编组，车速不超过 250km/h 的铁路列车。动车列车车型以 CRH1、CRH2、CRH5 型为主。动车票面车次编号前的字母 D 是“动”字汉语拼音的首字母。部分城市间动车列车实际票价见表 6.13。

表 6.13 部分城市间动车列车实际票价

序号	车次	起点	终点	运营参数			票价			
				里程/km	运营时间	平均车速/(km/h)	一等座		二等座	
							元	元/km	元	元/km
1	D903	北京	广州	2338	10h18min	226.99	1134.0	0.49	721.0	0.31
2	D311	北京	上海	1454	11h42min	124.27	705.0	0.48	449.0	0.31
3	D26	哈尔滨	北京	1241	7h38min	162.58	602.0	0.49	383.0	0.31
4	D3002	上海	武汉	827	5h54min	140.17	401.0	0.48	255.0	0.31
5	D29	北京	沈阳	703	4h48min	146.46	341.0	0.49	217.0	0.31
平均值				1313	8h4min	160.09	636.6	0.48	405.0	0.31

由表 6.13 可见，我国动车列车二等座每公里票价均为 0.31 元；一等座每公里票价在 0.48～0.49 元，平均值为 0.48 元/km。

3. 高铁列车实际票价

《高速铁路设计规范》(TB 10621—2014)对高铁列车的定义为：设计车速为 250km/h(含预留)及 250km/h 以上的动车组列车，初期运营速度不小于 200km/h。高铁列车的特点是运营线路区别于既有线路提速，属于客运专线，并且时速不低于 250km。部分城市间高铁列车实际票价见表 6.14。

表 6.14 部分城市间高铁列车实际票价

序号	车次	起点	终点	运营参数			票价			
				里程/km	运营时间	平均车速/(km/h)	一等座		二等座	
							元	元/km	元	元/km
1	G1276	哈尔滨	武汉	2446	13h59min	174.92	1896	0.78	1186	0.48
2	G101	北京南	上海	1318	5h45min	229.22	1021	0.77	639	0.48
3	G817	西安北	武汉	1095	4h45min	230.53	849	0.78	531	0.48
4	G1272	沈阳北	济南	971	5h47min	202.29	753	0.78	471	0.49
5	G381	北京	沈阳	795	4h35min	173.45	616	0.77	386	0.49
平均值				1325	6h58min	202.08	1027	0.78	643	0.48

由表 6.14 可见，我国高铁列车一等座票价在 0.77～0.78 元/km，平均值为 0.78 元；二等座票价在 0.48～0.49 元/km，平均值为 0.48 元。

6.4　航空客运价格分析

6.4.1　航空客运票价定价机制

目前我国政府对航空客运票价的管理，主要根据《民用航空法》、《价格法》和《中央定价目录》，采取政府指导价形式，实行审批制和备案制。

《民航国内航空运输价格改革方案》规定，航空公司在国内外销售国内机票时，以平均 0.75 元/km 作为基准价，在上浮 25%、下浮 40%的范围内确定实际价格。由航空公司独家经营的航线，对票价上限进行控制，不控制下限。基准价常用作非热门航线或非热门时段经济舱的价格，实际热门航线和热门时段以及商务舱和头等舱价格远高于基准价格。

6.4.2　航空客运实际票价

通过携程旅行网、去哪儿网查询部分航线机票价格(折扣前)，见表 6.15。

表 6.15　部分城市间航空机票实际价格(折扣前)

序号	航班	起点	终点	运营参数			价格			
				里程/km	飞行时间	平均飞行速度/(km/h)	公务舱		经济舱	
							元	元/km	元	元/km
1	HU7279	北京	三亚	2710	4h0min	677.50	11130	4.11	2530	0.93
2	CZ3116	北京	广州	1890	3h25min	553.17	5360	2.84	1910	1.01
3	3U8861	成都	天津	1640	2h35min	634.84	4590	2.80	1640	1.00
4	CA8227	武汉	厦门	910	1h35min	574.74	1780	1.96	990	1.09
5	CZ6657	哈尔滨	黑河	574	1h20min	430.50	3640	6.34	1450	2.53
6	CZ6589	武汉	恩施	479	1h05min	442.15	2960	6.18	1290	2.69
平均值				1367	2h0min	552.15	4910	4.04	1635	1.54

由表 6.15 可见，飞机平均飞行速度约为 550km/h，航空机票的实际价格与距离和舱位等级有关：距离越远，平均每公里运价越低；反之，每公里票价越高；公务舱机票价格远高于经济舱，平均值分别为 4.04 元/km 和 1.54 元/km，均远高于公路和铁路出行票价。

但是，航空客运与公路客运、铁路客运存在明显差异，机票价格存在季节性和时间性差异，并存在较大折扣。例如，春节前后、寒暑假期间机票实际价格往往远高于其他时间，白天起降的航班机票价格也远远高于凌晨或夜间起降的航班。因此，机票折扣也有 3～9 折不等，平均折扣约为 6 折，则公务舱机票价格和经济舱机票价格折后平均值分别为 2.42 元/km 和 0.92 元/km。

6.5 不同出行方式费用比较

为了方便比较，将不同出行方式费用列表，见表 6.16。

表 6.16 不同出行方式费用比较

出行方式		等级	费用/(元/km)
公路	超高速公路	超一级	0.29
		超二级	0.38
		超三级	0.47
	公路大客车	坐票	0.28
	普通高速公路自驾	5 座小汽车	0.18
铁路	特快列车	硬座	0.12
		硬卧(下)	0.23
	动车列车	一等座	0.48
		二等座	0.31
	高铁列车	一等座	0.78
		二等座	0.48
航空	民航班机	公务舱	2.42(折后)
		经济舱	0.92(折后)

由表 6.16 可见，采用不同的出行方式每公里单价差异较大，最低的是特快列车硬座，只有 0.12 元/km，最高的是民航公务舱，达到 2.42 元/km，相差 20 倍以上。

超一级高速公路出行费用与公路大客车和动车二等座相当，高于普通高速公路自驾和特快列车，但是远低于动车一等座、高铁和民航；超二级高速公路出行费用高于动车二等座，远低于动车一等座、高铁和民航；超三级高速公路出行费用与高铁二等座相当，远低于高铁一等座和民航。通过以上分析，各级超高速公路出行费用虽然高于特快列车和普通高速公路自驾，但是远低于航空民航班机公务舱和经济舱，甚至均低于高铁列车一等座，因此在价格上具有一定优势。

第 7 章　结论与展望

我国高速公路最高设计速度 120km/h，最早出现在 1951 年颁布的《公路工程设计准则(草案)》中。60 多年来，车辆性能和道路设计施工技术都得到了极大提高，120km/h 的最高设计速度终究会被突破。高速公路限速对提高行车安全起到了重要作用。目前国外已有提高高速公路限速的趋势，法国、瑞士、奥地利等国家将高速公路最高限速提高至 130km/h，意大利将最高限速提至 140km/h，德国部分高速公路甚至不设限速。目前我国对超过 120km/h 的超高速公路相关研究较少，因此对超高速公路的安全性和经济性进行研究尤为必要。

通过本书研究得出以下结论：

(1) 在分析公路、高速公路定义和分级的基础上，提出了超高速公路的定义，并按设计速度将超高速公路分成超一级、超二级和超三级三个等级，其中超三级高速公路又分为单车超三级高速公路和汽车列车超三级高速公路。本书对各级超高速公路设计速度、道路技术条件和适应的车辆进行了分析，对各级超高速公路的通行能力进行了计算。超高速公路通行能力研究表明，超一级、超二级和单车超三级高速公路通行能力分别为 852pcu/h、746pcu/h 和 729pcu/h，超二级和超三级高速公路通行能力略低于目前普通高速公路一级服务水平下的通行能力 750pcu/h，而汽车列车超三级高速公路通行能力则达到 6000pcu/h，是普通高速公路一级服务水平下通行能力的 7 倍以上。

(2) 分析了全球交通安全形势，2010～2013 年，全球人口增加了 4%，汽车拥有量增加了 16%，但是交通事故数量和死亡人数却几乎没有增加。2002～2013 年，我国公路里程由 176.5 万 km 增加至 435.6 万 km，汽车年产量从 325.37 万辆增加到 1927.18 万 veh，而交通事故死亡人数从 10.94 万人/年下降到 5.85 万人/年。由此可见，过去国内外为加强道路安全而实施的干预措施取得了明显效果。本书在分析交通安全影响因素的基础上，从提高人的安全意识、汽车技术保障和道路技术保障三个方面对超高速公路交通安全性进行了论证。结果表明，加强交通安全教育，提高交通安全管理水平，能够从人的角度保证超高速公路交通安全；辅助驾驶技术，自动驾驶技术的发展，能够从车的角度保证超高速公路交通安全；使用高速公路车速指导系统和高速公路虚拟轨道系统能够从路的角度保证超高速公路交通安全。

(3) 研究了道路平面线形、纵断面线形和横断面线形对交通安全的影响。以普通高速公路线形设计理论为基础，以铁路线形设计为参考，对超高速公路平面线形、纵断面线形和横断面线形安全设计理论进行了研究，为超高速公路线形安全设计奠定了基础。超高速公路平面线形安全设计理论研究内容包括平面线形组成、直线长度限制、圆曲线半径确定和缓和曲线长度确定。超高速公路纵断面线形设计理论研究内容包括纵坡度限制、纵坡长限制和超高速公路竖曲线参数确定。超高速公路横断面设计理论研究内容包括横断面组成和直线路段车道宽度等。计算和分析表明，通过采用大半径平面曲线和较平缓纵坡等手段，可以提高超高速公路安全性。

(4) 研究了汽车燃油经济性，包括燃油经济性评价指标、燃油消耗方程及经济特性曲线、提高汽车燃油经济性的途径和汽车行驶燃油消耗图。用高速公路实车试验取得的实车燃油消耗数据，和“易车测试”网提供的实车油耗试验数据，通过 SPSS 软件对 120km/h 以上超高速公路燃油消耗量进行预测。预测结果表明，车速为 140km/h、160km/h 和 180km/h 时的等速油耗，分别是车速为 120km/h 时等速油耗的 1.30 倍、1.74 倍和 2.09 倍。

(5) 在分析普通高速公路、高速铁路造价的基础上，对超高速公路造价进行了估算，并以此为依据，参考普通高速公路建设成本和通行费收取标准，确定了各级超高速公路通行费标准。根据超高速公路通行费收取标准和预测的各级超高速公路燃油消耗费计算超高速公路使用的单车成本和单人成本。本书在公路客运、铁路客运和民航票价分析的基础上，计算了以上几种出行方式的每公里单人成本，并与超高速公路每公里单人出行成本进行比较。研究结果表明，超高速公路出行单人成本在 0.33～0.65 元/km，高于公路大客车 0.28 元/km、普通高速公路自驾 0.18 元/km 和特快列车 0.23 元/km，但是低于高铁一等座 0.78 元/km，且远低于民航班机经济舱 0.92 元/km 和公务舱 2.42 元/km，因此超高速公路出行在经济上具有一定优势。

对超高速公路安全性研究结果表明，随着汽车技术的进步和道路设计施工技术的发展，超高速公路的交通安全能够得到保障；对超高速公路经济性的论证分析结果也表明，与乘坐高速铁路和飞机相比，超高速公路出行在经济上具有一定优势。因此，超高速公路建设具有一定的可行性。

随着超高速公路安全保障和经济评价研究的逐步深入，未来对超高速公路桥梁结构荷载的研究、超高速公路通行能力的研究、超高速公路服务水平的研究等也将逐渐展开，超高速公路相关研究的范围和深度会不断扩展。超一级高速公路、超二级高速公路和超三级高速公路有望分别在未来 15 年、30 年和 40～50 年进入工程实践。

参 考 文 献

[1] 中华人民共和国交通部. 公路工程设计准则(草案)[S]. 北京: 人民交通出版社, 1951.

[2] 胡文魁, 高文号. 浅议高速公路改扩建的现状及发展趋势[J]. 工程与建设, 2016, 30(3): 306-307.

[3] Wager G, Whale J, Braunl T. Driving electric vehicles at highway speeds: The effect of higher driving speeds on energy consumption and driving range for electric vehicles in australia[J]. Renewable & Sustainable Energy Reviews, 2016, 63: 158-165.

[4] Saha D, Alluri P, Gan A. A random forests approach to prioritize highway safety manual (hsm) variables for data collection[J]. Journal of Advanced Transportation, 2016, 50(4): 522-540.

[5] Suh J, Yeo H. An empirical study on the traffic state evolution and stop-and-go traffic development on freeways[J]. Transportmetrica A: Transport Science, 2016, 12(1): 80-97.

[6] Reilly J, Martin S, Payer M, et al. Creating complex congestion patterns via multi-objective optimal freeway traffic control with application to cyber-security[J]. Transportation Research Part B: Methodological, 2016, 91: 366-382.

[7] Como G, Lovisari E, Savla K. Convexity and robustness of dynamic traffic assignment and freeway network control[J]. Transportation Research Part B: Methodological, 2016, 91: 446-465.

[8] 王强, 李哲. 德国道路交通安全管理现状概述及思考[J]. 汽车与安全, 2016, (4): 90-93.

[9] 吕艳平. 美国高速公路几何设计的技术要点[J]. 科技资讯, 2019, 17(6): 54-56.

[10] Russo F, Busiello M, Biancardo S A, et al. Assessing transferability of highway safety manual crash prediction models to data from italy[J]. Transportation Research Record, 2014, (2433): 129-135.

[11] Trieu V, Park S, McFadden J. Use of Monte Carlo simulation for a sensitivity analysis of highway safety manual calibration factors[J]. Transportation Research Record, 2014, (2435): 1-10.

[12] Oh S Y, Chung K Y. Traffic hazard prediction based on neighbor nodes for vehicle safety communications on a highway[J]. Multimedia Tools and Applications, 2015, 74(20): 8781-8790.

[13] Park B J, Fitzpatrick K, Brewer M. Safety effectiveness of super 2 highways in texas[J]. Transportation Research Record, 2012, (2280): 38-50.

[14] Mohammadi M A, Samaranayakee V A, Bham G H. Safety effect of Missouri's strategic highway safety plan missouri's blueprint for safer roadways[J]. Transportation Research Record, 2014, (2465): 33-39.

[15] Lavrenz S, Gkritza K. Environmental and energy impacts of automated electric highway systems[J]. Journal of Intelligent Transportation Systems, 2013, 17(3): 221-232.

[16] Perez-Martinez P J, Miranda R M. Energy consumption and intensity of toll highway transport in spain[J]. Transportation Research Part D: Transport and Environment, 2014, 27: 1-5.

[17] Saqr K M, Musa M N. A perspective of the malaysian highway energy consumption and future power supply[J]. Energy Policy, 2011, 39(6): 3873-3877.

[18] Nasir M K, Md Noor R, Kalam M A, et al. Reduction of fuel consumption and exhaust pollutant using intelligent transport systems[J]. Scientific World Journal, 2014: 836375.

[19] Pasha M, Rifaat S M, Tay R, et al. Effects of street pattern, traffic, road infrastructure, socioeconomic and demographic characteristics on public transit ridership[J]. KSCE Journal of Civil Engineering, 2016, 20(3): 1017-1022.

[20] Theofilatos A, Yannis G. A review of the effect of traffic and weather characteristics on road safety[J]. Accident Analysis and Prevention, 2014, 72: 244-256.

[21] Esser M B, Wadhwaniya S, Gupta S, et al. Characteristics associated with alcohol consumption among emergency department patients presenting with road traffic injuries in hyderabad, india[J]. Injury-International Journal of the Care of the Injured, 2016, 47(1): 160-165.

[22] Ciobanu S M, Benedek J. Spatial characteristics and public health consequences of road traffic injuries in romania[J]. Environmental Engineering and Management Journal, 2015, 14(11): 2689-2702.

[23] Luque R, Castro M. Highway geometric design consistency: Speed models and local or global assessment[J]. International Journal of Civil Engineering, 2016, 14(6A): 347-355.

[24] Kraft E, Molenaar K R. Quality assurance organization selection factors for highway design and construction projects[J]. Journal of Management in Engineering, 2015, 31(5): 226-239.

[25] Stamatiadis N, Bailey K, Grossardt T, et al. Evaluation of highway design parameters on influencing operator speeds through casewise visual evaluation[J]. Transportation Research Record, 2010, (2195): 143-149.

[26] Kanuki Y, Ohta N. Speeding up and performance evaluation of a fully automatic radial distortion compensation algorithm for driving assistance cameras[J]. IEICE Transactions on Information and Systems, 2015, 98(10): 1892-1895.

[27] Jagerbrand A K, Antonson H. Driving behaviour responses to a moose encounter, automatic speed camera, wildlife warning sign and radio message determined in a factorial simulator study[J]. Accident Analysis and Prevention, 2016, 86: 229-238.

[28] Weyer J, Fink R D, Adelt F. Human-machine cooperation in smart cars. An empirical investigation of the loss-of-control thesis[J]. Safety Science, 2015, 72: 199-208.

[29] Guajardo M, Ronnqvist M. A review on cost allocation methods in collaborative transportation[J]. International Transactions in Operational Research, 2016, 23(3): 371-392.

[30] Azarnert L V. Transportation costs and the great divergence[J]. Macroeconomic Dynamics, 2016, 20(1): 214-228.

[31] Nakandala D, Lau H, Zhang J J. Cost-optimization modelling for fresh food quality and transportation[J]. Industrial Management & Data Systems, 2016, 116(3): 564-583.

[32] Swobodzinski M, Jankowski P. The role of location and cost in individual choices of transportation improvement projects[J]. Professional Geographer, 2015, 67(4): 527-540.

[33] 何永明, 裴玉龙. 超高速公路发展可行性论证与必要性研究[J]. 公路, 2016, (1): 158-162.

[34] 何永明, 斐玉龙. 超高速公路及其通行能力研究[J]. 黑龙江工程学院学报, 2017, (4): 8-11, 18.

[35] 何永明, 裴玉龙. 基于出行费用的超高速公路经济性评价[J]. 公路, 2018, (1): 117-123.

[36] He Y M, Pei Y L. Horizontal alignment design theory of superhighways[J]. Acta Technica, 2017, 62(5): 565-574.

[37] 陈芬菲, 徐鹏. 基于 SWOT 分析法的超高速公路发展研究[J]. 科技视界, 2018, (5): 139-140.

[38] He Y M, Ding B Q. Environmental and economic evaluation of superhighway based on travel cost[J]. Ekoloji Dergisi, 2019, (107): 4793-4801.

[39] 裴玉龙, 代磊磊. 高速公路作业区智能车道汇合控制系统研究[J]. 公路, 2007, (8): 144-149.

[40] 吴焱, 钱振邦, 王建军, 等. 高速公路交通安全风险评价与敏感性分析[J]. 长安大学学报(自然科学版), 2014, (4): 134-141.

[41] 李明星. 高速公路交通安全服务水平评价研究[D]. 北京: 北京交通大学, 2010.
[42] 何永明, 丁柏群. 冰雪条件下高速公路通行能力衰减仿真研究[J]. 森林工程, 2012, (2): 68-70.
[43] 秦华容. 中美高速公路运输比较研究[D]. 西安: 长安大学, 2011.
[44] 胡圣能. 高速公路景观规划与设计技术研究[D]. 西安: 长安大学, 2011.
[45] 王殊. 面向用户的高速公路服务区综合评价研究[J]. 公路交通科技, 2016, (2): 125-129.
[46] 于天才. 山区及高海拔地区高速公路工程造价影响因素的探讨[J]. 公路, 2016, (1): 177-180.
[47] 裴玉龙, 马艳丽. 道路交通安全管理法规概论及案例分析(高等学校试用教材)[M]. 北京: 人民交通出版社, 2011.
[48] 张云飞. 高速公路交通安全分析及评价研究[D]. 西安: 长安大学, 2013.
[49] 李聪颖, 王肇飞. 基于 BP 神经网络的高速公路交通安全评价系统设计与实现[J]. 武汉理工大学学报(交通科学与工程版), 2010, (3): 476-479.
[50] 高岩, 董宪元, 田飞. 高速公路交通安全现状分析及管理对策[J]. 中国安全生产科学技术, 2015, (10): 110-115.
[51] 尹春娥, 陈宽民, 万继志. 基于小波方程的高速公路交通事故自动检测方法[J]. 中国公路学报, 2014, (12): 106-112.
[52] 孟祥海, 郑来, 史永义. 考虑车道变换影响的高速公路交通事故预测模型研究[J]. 公路交通科技, 2014, (6): 121-126.
[53] 耿聪, 刘溧, 张欣, 等. Eq6110 混合动力电动汽车再生制动控制策略研究[J]. 汽车工程, 2004, 26(3): 253-256.
[54] 周兵, 江清华, 杨易, 等. 基于行驶工况的纯电动汽车比能耗分析及传动比优化[J]. 中国机械工程, 2011, (10): 1236-1241.
[55] 刘忠途, 伍庆龙, 宗志坚. 基于台架模拟的纯电动汽车能耗经济性研究[J]. 中山大学学报(自然科学版), 2011, (1): 44-48, 52.
[56] 周天星, 冯浩, 张春艳. 山地景区交通特性及规划理念分析[J]. 交通运输工程与信息学报, 2016, (3): 38-45.
[57] 秦雅琴, 熊坚, 刘洪启. 山区公路爬坡车道的交通特性及驾驶安全性模拟评价[J]. 公路交通科技, 2010, (11): 122-126.
[58] 吕剑, 史其信, 杨新苗. 基于运动轨迹采集的混合交通特性研究[J]. 武汉理工大学学报(交通科学与工程版), 2009, (1): 1-4.
[59] 何小洲, 过秀成, 吴平. 高速公路施工区交通特性分析[J]. 公路, 2005, (12): 110-115.

[60] 郭应时, 付锐, 袁伟. 山区公路事故率与平面线形的关系[J]. 交通运输工程学报, 2012, (1): 63-71.

[61] 孟祥海, 关志强, 郑来. 基于几何线形指标的山区高速公路安全性评价[J]. 中国公路学报, 2011, 24(2): 103-108.

[62] 郭忠印, 杨漾, 曹继伟. 基于高速公路线形综合指标的安全评价模型[J]. 同济大学学报(自然科学版), 2009, (11): 1472-1476.

[63] 阎莹, 袁华智, 蹇小平. 高速公路线形三维空间综合指标与运行车速的关系模型[J]. 公路交通科技, 2011, (10): 102-108.

[64] 李达, 杨光友, 李军. 自动驾驶车辆远程监控系统的设计[J]. 湖北工业大学学报, 2015, (2): 34-36, 57.

[65] 赵炯, 王伟. 基于传感器融合技术的电动汽车自动驾驶系统的开发[J]. 制造业自动化, 2013, (9): 43-46.

[66] 孙巍, 张捷, 穆文浩. 典型国家和地区自动驾驶汽车发展概述[J]. 汽车与安全, 2016, (2): 86-89.

[67] 王玲. 我国公路运输成本结构及驱动因素——基于 GTC 模型的实证研究[J]. 北京交通大学学报(社会科学版), 2013, 12(4): 7-13.

[68] 叶忠慧. 公路货运大型化对降低运输成本的影响[J]. 公路与汽运, 2009, (1): 45-47, 99.

[69] 高波. 以运输成本节约程度测算公路收费标准的合理范围[J]. 中外公路, 2007, (2): 205-207.

[70] 中华人民共和国交通运输部. JTG B01—2014 公路工程技术标准[S]. 北京: 人民交通出版社, 2014.

[71] 王炜, 过秀成. 交通工程学[M]. 南京: 东南大学出版社, 2011.

[72] 交通部公路总局. 公路工程技术标准(试行)[S]. 北京: 人民交通出版社, 1972.

[73] 中华人民共和国交通部. JTJ 01—1988 公路工程技术标准[S]. 北京: 人民交通出版社, 1988.

[74] 袁凤仪. 《1956 年联邦援助高速公路法》与美国州际高速公路建设[D]. 天津: 天津师范大学, 2019.

[75] 徐艳文. 加拿大的高速公路与泊车[J]. 道路交通管理, 2013, (10): 68-69.

[76] 孙瑜. 德国高速公路设计新理念[J]. 养护与管理, 2016, (5): 42-45.

[77] 韩冰, 黄玉荣, 潘华. 法国、意大利高速公路电子装置及道路养护[J]. 筑路机械与施工机械化, 2000, (6): 38-39.

[78] 铁信. 意大利推出高速货运服务[J]. 现代城市轨道交通, 2019, (2): 93-94.

[79] 李钢. 英国交通警察[J]. 现代世界警察, 2018, 390(8):16-26.

[80] 李智慧, 虞文景. 日本高速公路沥青路面结构破损分析[J]. 中外公路, 2016, (3): 49-52.
[81] 何永明, 裴玉龙. 高速公路车速指导系统实验仿真研究[J]. 公路, 2014, (6): 179-182.
[82] 袁伟, 付锐, 吴付威. 车道保持与换道意图阶段眼动行为差异性分析[J]. 长安大学学报(自然科学版), 2013, (4): 86-91.
[83] 中华人民共和国公安部. GA/T 643—2006 典型交通事故形态车辆行驶速度技术鉴定[S]. 北京: 中国标准出版社.
[84] 张家铭. 车路协同仿真系统测试及其验证方法研究[D]. 北京: 北京交通大学, 2014.
[85] 世界卫生组织. 全球道路安全现状报告[R], 2018.
[86] 中华人民共和国交通运输部. 2018 年交通运输行业发展统计公报[R], 2018.
[87] 公安部交通管理局. 道路交通事故统计年报(2013)[J]. 北京: 人民交通出版社, 2014.
[88] 何勇. 公路安全设计指南[M]. 北京: 人民交通出版社, 2011.
[89] Ceccato V. Patterns of traffic accidents among elderly pedestrians in Sweden[J]. Review of European Studies, 2018, 10(3): 117-133.
[90] 顾尚华. 美、英、法、德预防交通事故的策略[J]. 交通与运输, 2011, 27(5): 68-69.
[91] 钱宇彬, 李聪, 王莹. 欧洲行人安全法规与我国行人交通事故特征探讨[J]. 汽车与配件, 2009, (44): 32-33.
[92] Goodarzi A, Ghajar M. Integrating lane-keeping system with direct yaw moment control tasks in a novel driver assistance system[J]. Proceedings of the Institution of Mechanical Engineers Part K-Journal of Multi-Body Dynamics, 2015, 229(1): 16-38.
[93] 周罗善. 基于单目视觉的车道保持预警系统研究[D]. 上海: 华东理工大学, 2011.
[94] 刘琦. 道路交通安全管理研究[D]. 青岛: 中国海洋大学, 2012.
[95] 陈荣章, 任宝卫, 张吉. 汽车道路救援服务站网络布局方案评价研究[J]. 汽车与配件, 2014, (36): 62-65.
[96] 赴德培训团. 德国交通管理的观察与启示[J]. 道路交通管理, 2016, (1): 78-80.
[97] 田子强. 日本如何开展“交通安全教育”活动[J]. 汽车与安全, 2015, (8): 86-91.
[98] 吴大明. 新加坡开展安全驾驶活动[J]. 劳动保护, 2018, (9): 93.
[99] 王磊. 瑞典: 交通安全世界第一[J]. 中国报道, 2011, (9): 54.
[100] 李明, 刘凤娟, 矫成武. 道路交通安全管理体系概述[J]. 质量与认证, 2015, (4): 48-50.
[101] 矫成武, 张高强. 国际道路交通安全管理体系认证进展[J]. 质量与认证, 2015, (4): 51-53.
[102] 周应军. 博世公司汽车电子技术简介(三)——自适应巡航定速控制系统(acc)[J]. 汽车与配件, 2001, (6): 30-31.

[103] 忻文. 博世驾驶员辅助系统提升安全性和舒适性[J]. 汽车与配件, 2014, (45): 31.
[104] 彭利平. 博世“零事故”愿景: 安全技术和驾驶员辅助系统[J]. 汽车电器, 2014, (5): 86.
[105] 杨泽云, 博世. 智能泊车博世全景摄像头系统[J]. 汽车与驾驶维修: (汽车版), 2015, (12): 82.
[106] 孙巍, 张捷, 穆文浩, 等. 典型国家和地区自动驾驶汽车发展概述[J]. 汽车与安全, 2016, (2): 86-89.
[107] 夏溦. 自动驾驶汽车技术最新发展[J]. 新经济导刊, 2015, (7): 24-27.
[108] Korosec K. 2035 年全球自动驾驶车迎来新契机[J]. 中外管理, 2016, (8): 23.
[109] Kirkpatrick M. Google 自动驾驶车: 千里之行, 始于轮下[J]. 创业家, 2010, (11): 26-27.
[110] 曾俊夫. 迈向未来 nissanidsconcept 自动驾驶概念车[J]. 汽车之友, 2016, (10): 12.
[111] 阮晓东. 从沃尔沃设立自动驾驶测试基地谈起[J]. 新经济导刊, 2016, (7): 17-21.
[112] 陈耕艺. 特斯拉与自动驾驶汽车[J]. 中国信息化, 2016, (7): 16-19.
[113] 胡波. 为解放双手迈出重要一步——海外体验奥迪自动驾驶技术[J]. 汽车与驾驶维修: 汽车版, 2015, (3): 112-117.
[114] 北松. 从《时间简史》看梅赛德斯-奔驰自动驾驶之路[J]. 时代汽车, 2015, (5): 88-90.
[115] 董静. 宝马: 传统汽车巨头的转型之路[J]. 机器人产业, 2016, (4): 72-77.
[116] 尹永生. 一汽集团展示红旗 HQ3 无人驾驶车型[J]. 汽车与安全, 2007, (11): 8-9.
[117] 程国柱. 高速道路车速限制方法研究[D]. 哈尔滨: 哈尔滨工业大学, 2007.
[118] 乔建刚, 李志刚, 张雪洁. 基于“Spalart-Allmaras”湍流模型的高速公路大型车车头间距[J]. 北京工业大学学报, 2019, 45(4): 73-78.
[119] 何永明, 亓祎, 于华洲. 冰雪条件下信号交叉口通行能力衰减仿真分析[J]. 交通标准化, 2011, (9): 164-166.
[120] 冯江华, 尚敬, 肖磊, 等. 一种虚拟轨道汽车列车的控制系统, CN: 105564447[P]. 2014.
[121] 张卫华. 一种基于橡胶车轮和虚拟轨道技术的有轨电车. CN:103863334[P]. 2014.
[122] 雷斌. 中法高速公路线形设计安全与指标对比研究[D]. 西安: 长安大学, 2009.
[123] 孙家凤. 高速公路平纵衔接区段的安全预测体系[D]. 北京: 北京工业大学, 2002.
[124] 李江, 等. 交通工程学[M]. 北京: 人民交通出版社, 2002.
[125] 黄裕婕. 日本高速公路建设的历史和现状[J]. 国外公路, 1999, (3): 6-8.
[126] 余景顺, 林国涛, 苏永和. 基于运行安全的山区高速公路路线设计及实例[J]. 公路, 2005, (1): 24-29.
[127] McGee H W, National Research Council, Transportation Research Board, et al. Geometric design practices for resurfacing, restoration, and rehabilitation[R]. Washington DC: Transportation Research Board, 2011.

[128] 高林丽. 高速公路路线设计安全性评价[J]. 交通标准化, 2011, (13): 155-157.

[129] Kumas H, Gencer C, Maras H. Determination fastest path for heavy vehicles taking into account road slope and horizontal curve radius[J]. Journal of the Faculty of Engineering and Architecture of Gazi University, 2012, 27(2): 385-395.

[130] 裴玉龙. 道路勘测设计[M]. 北京: 人民交通出版社, 2009.

[131] 王佐, 李宏斌, 陈波. 欧洲高速公路几何设计规范的技术要点[J]. 公路, 2008, (9): 50-53.

[132] Cai H H, Wang G J. A new method in highway route design: Joining circular arcs by a single C-Bézier curve with shape parameter[J]. Journal of Zhejiang University-Science A, 2009, 10(4): 562-569.

[133] Ziatdinov R, Yoshida N, Kim T W. Fitting g(2) multispiral transition curve joining two straight lines[J]. Computer-Aided Design, 2012, 44(6): 591-596.

[134] Niu X T. A semi-automatic framework for highway extraction and vehicle detection based on a geometric deformable model[J]. ISPRS Journal of Photogrammetry and Remote Sensing, 2006, 61(3-4): 170-186.

[135] Zhu W X, Zhang L D. Friction coefficient and radius of curvature effects upon traffic flow on a curved road[J]. Physica A: Statistical Mechanics and Its Applications, 2012, 391(20): 4597-4605.

[136] 董金松, 许洪国, 任有, 等. 基于道路试验的汽车滚动阻力和空气阻力系数计算方法研究[J]. 交通信息与安全, 2009, 27(1): 75-78.

[137] 范平清, 赵波. 基于空气动力学的车身改进设计[J]. 上海工程技术大学学报, 2009, 23(3): 209-212.